TRAITÉ

DES PRAIRIES

ARTIFICIELLES,

&c.

TRAITÉ

DES PRAIRIES ARTIFICIELLES,

DES ENCLOS,

ET

DE L'ÉDUCATION DES MOUTONS

DE RACE ANGLOISE.

On a souvent dit, & avec grande raison, que l'établissement des prés artificiels étoit un des plus sûrs moyens d'augmenter le produit des terres.

DUHAMEL.

A PARIS,

Chez HOCHEREAU, Libraire, au Phénix, Quai de Conti, à la descente du Pont-Neuf.

M. DCC. LXXVIII.

AVEC APPROBATION ET PRIVILEGE DU ROI.

PRÉFACE.

CET Ouvrage n'a été entrepris qu'avec l'agrément & sous les auspices de feu M. de Trudaine, qui s'intéressoit en vrai Ministre Citoyen aux progrès de l'Agriculture, qu'il regardoit comme la source féconde du bonheur & de la richesse de la France.

L'indulgence du Public voudra bien me dispenser du détail des causes qui ont différé la publication de cet Ouvrage, dont j'avois cru pouvoir fixer l'époque au mois de Septembre dernier. Dès celui de Juillet, j'avois donné la plus grande partie de mon manuscrit à l'impression, & pris des mesures pour qu'il fût en état de paroître au retour d'un voyage que j'étois alors indispensablement obligé de faire. L'Imprimeur n'a pas tenu ses engagemens; des circonstances imprévues ont dérangé mes projets, sur-tout celui de donner le plan avec la descrip-

tion du femoir & de la houe ou arrare, que j'a-
vois fait venir d'Angleterre il y avoit deux ans.

A l'égard du plan des charrues qu'on trouvera dans cet Ouvrage, & que j'ai fait venir en
même-tems, il ne m'a pas été poffible d'en
donner les dimenfions, non plus que celles de la
machine pour couper la paille, parce qu'elles ne
font pas actuellement à ma difpofition.

Tout ce qui s'eft écrit en Angleterre, &
trouvé digne de l'attention des Cultivateurs fur
l'amélioration des terres, a été traduit en François ; ainfi mon Lecteur pourra trouver dans
mon Ouvrage des chofes qu'il connoît déjà. Je
ne me fuis pas engagé à donner un Ouvrage
nouveau en entier.

La plus grande partie de mon Livre n'eft
que l'analyfe de plufieurs expériences qui ont
parfaitement réuffi, & qu'on peut fans rifque
mettre en pratique, pourvu qu'on veuille bien
fuivre les confeils que je donne fur la culture
des différentes plantes dont je parle.

Mon but a été d'être concis & clair. Approfondir comment des plantes reçoivent leur fuc,

n'auroit été qu'une répétition de ce qui a déjà été dit par différens Auteurs. Les opinions sur cet objet font extrêmement variées. J'ai cru devoir me borner à ne parler que de la maniere la plus raifonnable & la plus généralement reçue pour leur procurer la nutrition.

Quant aux enclos, je crois que la néceffité d'en avoir paroîtra fi évidente & fi convenable, que la méthode que j'indique fera mife en pratique par ceux qui font curieux de bien cultiver leurs terres & d'en retirer les avantages dont elles font fufceptibles.

La façon d'élever les moutons Anglois, eft telle qu'on l'a pratiquée en Angleterre, en y ajoutant l'amélioration que doit procurer une bergerie où les moutons jouiront de la libre circulation de l'air comme en plain champ, fans être expofés à l'intempérie des faifons.

A l'égard de l'animal même, il ne courra aucun rifque, pourvu qu'on lui donne une bonne & fuffifante nourriture. Un petit nombre de moutons de la race de Romney-Marsh, que j'ai eu fous mes yeux, ayant paffé l'hiver en plein air, a produit, le printems dernier, les plus beaux agneaux. Une augmentation confidérable de la même efpece de moutons donnoit la même efpérance avant de paffer en d'autres mains, pendant qu'un troupeau de race différente a dépéri entiérement faute de foin de mes domeftiques, & de nourriture affez fucculente.

Le dernier Chapitre qui traite du défrichement des landes & communes, fe borne fimplement au choix de l'efpece de terre & de la culture qui conviennent à la femence des prairies artificielles ou naturelles. Si j'euffe dû traiter du froment & de l'orge, mes obfervations euffent été toutes différentes.

Le Public étant prévenu que j'ai été dans l'impoffibilité d'apporter à l'exécution de cet Ouvrage tous les foins & l'étendue qu'il méritoit, m'accordera volontiers fon indulgence fur ce qui pourroit lui paroître négligé, fuperflu ou omis, ainfi que fur les méprifes des Traducteurs de mon original, & les fautes de typographie.

Fin de la Préface.

AVANT-PROPOS.

AVANT-PROPOS.

LE but de ces essais, est d'instruire de la maniere d'élever les moutons Anglois, & de procurer à ces animaux la nourriture qui leur convient.

Mon premier desir est d'inspirer de la confiance à ceux qui ont secoué le joug des préjugés : j'ose espérer que j'y réussirai. Des observations pratiquées font toujours impression sur les esprits éclairés ; mais les plus grands ménagemens, & l'adresse la plus consommée, suffisent à peine pour détacher le paysan de ses anciens usages, le délivrer de ses préjugés, & le retirer du chemin battu que lui ont frayé ses peres. Il faut le conduire pas à pas dans tous les genres d'amélioration. Peut-être rira-t-il en secret, comme les paysans Romains faisoient d'Horace, *glebas & Saxa moventem*, ou comme les bons habitans d'Ithaque, qui croyoient qu'Ulisse étoit devenu fou, en lui voyant répandre du sel en guise d'engrais ; mais comme les payfans François font beaucoup plus éclairés que ces peuples, j'ai tout lieu d'efpérer qu'ils deviendront dociles à la voix de l'expérience, & fe détermineront, par la certitude du profit, à fuivre les avis que je leur donne dans ce livre. Le tems, les inftruEtions, & par-deffus tout, les faits, peuvent introduire & accréditer une opinion; mais dans l'état aEtuel des chofes, il y a lieu de penfer que l'Agriculture en général, & particuliérement la partie que je cherche à introduire, trouveront moins de difficultés, & feront des progrès plus rapides qu'autrefois, entre les mains des Propriétaires cultivateurs, dont les poffeffions auront une certaine étendue : mais fi je me trompe dans mon opinion, & que la plupart des Propriétaires ne veulent pas defcendre jufqu'à l'état de Cultivateur, & faire valoir eux-mêmes leurs terres, qu'il me foit permis de leur demander avec inftance, de donner un peu de foulagement à leurs Fermiers, & de leur ôter la reffemblance qu'ils ont avec les cerfs Hongrois & Polonois. Oui, j'ofe le dire, leur propre intérêt milite ici en faveur de l'humanité.

Le moyen le plus capable d'opérer un pareil changement, feroit de donner aux baux une plus longue

durée, & de rendre libre le commerce du Fermier;
ce feroit le meilleur encouragement pour l'induftrie
& l'émulation, & bientôt le bonheur accourroit à
leur fuite, s'il pouvoit une fois acquérir la certitude
que fon bail ne feroit pas augmenté , & s'il n'avoit
plus à craindre d'être en quelque forte puni, pour
s'être mis dans le cas de porter un habit meilleur qu'à
l'ordinaire.

Le progrès de l'Agriculture & l'honneur de la
France, demandent que ces hommes précieux jouiffent de toute la confidération poffible, & c'eft par
la perfuafion intime où je fuis qu'ils forment la
claffe la plus utile de l'État, que j'entreprends ici
la défenfe de leur caufe.

J'engage tout Propriétaire à donner à cet objet
l'attention qu'il mérite. Un férieux examen eft à
mes yeux un moyen sûr de le convaincre, & fon
intérêt fuffira pour le rendre humain. Il apprendra
alors, que le Payfan eft homme comme lui, &
que fa condition ne change pas fa nature; que tous
les individus font également affectés & déterminés
par l'impulfion des circonftances, & également fenfibles aux bons & aux mauvais traitemens. Il fentira
que la reconnoiffance & le reffentiment font inhé-

rents à notre nature, & que l'un & l'autre n'ont
befoin pour éclater, que d'une occafion où ils
puiffent le faire librement & fans crainte ; il verra
enfin que c'eft une politique très-mauvaife, &pour
tout dire, une abfurdité, d'opprimer ainfi les Fermiers. A mefure qu'il entendra ces obfervations, il
reconnoîtra qu'en général, plus celui-ci gagne,
plus il devient vigilant, frugal & induftrieux. Les
champs rapportent à proportion des foins qu'on y
donne, *& tant vaut l'homme, tant vaut la terre.* Si
une fois le Laboureur a pu franchir les bornes du
befoin, *res angufta domi* n'abforbe plus fes facul-
tés, & il peut alors fe fournir des chofes les plus
effentielles à la culture. Dans la fabrication de fes
charrues, il donnera moins à l'épargne & plus à
la perfection : il achetera des beftiaux plus forts
& plus vigoureux ; il aura le moyen de payer de
meilleurs valets, de nourrir de grands troupeaux,
de faire ou de fe procurer de meilleurs engrais,
de tenter & de multiplier fes expériences. Plus il
cultivera de grandes terres, plus il acquerra de
connoiffance, & plus fes bénéfices augmenteront.

Sous les mains fécondes d'un tel Cultivateur,
vous verrez bientôt les déferts fe convertir en

terres labourées, en prairies artificielles : c’eſt une véritable conquête, une acquiſition, une appropriation qui enrichit un homme ſans en détruire d’autres. Ici il introduit de petits ruiſſeaux dans un terrain aride ; il le change en pâturages qui nourriſſent de nombreux troupeaux de moutons; à côté c’eſt un marais qu’il deſſeche, & de riches moiſſons brillent bientôt où l’on ne voyoit que des joncs ou des ronces & des bruyeres : un pareil Fermier ne peut être trop encouragé.

Une Métairie une fois dans cet état d’amélioration, n’a plus beſoin que d’un entretien facile & peu diſpendieux. Quand le Fermier, à qui cette amélioration eſt due, vient à mourir, c’eſt alors, & alors ſeulement, qu’il faut augmenter le bail. Dès qu’un Fermier n’aura plus à craindre l’oppreſſion, il emploiera tous les moyens poſſibles pour augmenter ſa fortune en améliorant ſa terre ; car plus il fera d’efforts pour y parvenir, & plus il en retirera de fruits ; plus ſes troupeaux ſeront nombreux, plus il aura de profit. Quoi de plus propre à lui en aſſurer qu’un grand troupeau de moutons Anglois? Quoi de plus avantageux lorſqu’on leur donne les ſoins & la nourriture qu’ils exigent ?

C'eſt ſe former un principe dangereux & ri-dicule, de croire que la pauvreté ſoit utile à cette eſpece d'hommes; que le beſoin & le malheur excitent leur activité, & que la néceſſité les rend dociles & plus traitables. Comment peut-on s'imaginer que la vie leur paroiſſe plus douce à paſſer, quand elle n'eſt plus qu'un vrai fardeau pour eux?

Cherchons, s'il eſt poſſible, un moyen de les décharger d'une partie du poids qui les accable; & s'ils ſont aſſez malheureux d'être expoſés à l'imtempérie des ſaiſons, du moins ne les accablons pas par un mépris & un abandon injurieux : ils ont des droits ſur notre eſtime; ils en ont ſur la faveur des Miniſtres & ſur la protection du Prince; & s'il eſt des Citoyens qui poſſedent plus de talens, il n'eſt pas moins vrai que les deux tiers des hommes ſont moins utiles à la Société qu'eux: ainſi M. Colbert péchoit contre la ſaine politique, en chargeant d'impôts l'exportation du beurre, du fromage, des fruits ſecs, &c. tandis qu'il en exemptoit celle des ouvrages des Manufactures.

Une ſage adminiſtration doit protéger & dé-fendre le commerce & l'agriculture, comme étant les yeux & le cœur du corps politique de l'État:

elle doit conferver à l'un & à l'autre une affeétion & une tendreffe paternelle, & ne montrer de partialité en faveur de l'agriculture, que parce que celle-ci doit être confidérée comme l'aînée : mais M. Colbert ruina prefqu'entiérement la France, en voulant adopter le commerce à fon préjudice, au lieu d'encourager l'un & l'autre, & de leur donner tout le luftre & tout l'éclat poffible.

La richeffe ou la pauvreté d'une Nation dépendent de la bonne ou mauvaife culture des terres, & le fage Légiflateur aide & affifte la nature dans fes opérations, en ouvrant les canaux de l'abondance & en excitant l'émulation : l'induftrie s'éveille donc à la voix de la raifon, foutenue par la main d'une Adminiftration bienfaifante.

La proteétion & l'appui du feu Roi ont enflammé le génie de M. Duhamel; & l'on peut dire hardiment, que fes recherches fur l'agriculture & celles de M. le Marquis de Turbilly, ont acquis à la France plus de terrain vraiment précieux, que n'a fait aucun de fes Généraux dans les dernieres guerres. Leur induftrie, leur perfévérance & leurs ouvrages, ont montré à leurs Concitoyens la véritable maniere de cultiver la terre, & ont commencé à détruire l'ignorance & les préjugés de prefque tout un peuple.

Si les regards bienfaisants du feu Roi ont déjà porté l'agriculture au degré de perfection où nous la voyons maintenant, que ne doit-on pas attendre d'un jeune Monarque qui fonde sa gloire sur le bonheur de ses Sujets? Ofons approcher de son Trône & supplier humblement ce pere du peuple de prendre fous sa protection un fyftême encore au berceau, mais dont l'âge mûr répandra sur la vafte étendue de son Empire l'abondance & la richeffe ; *car les faveurs du Roi font comme la rofée fur le gazon.*

Omnium rerum ex quibus aliquid exquiritur , nihil eft agriculturâ melius, nihil uberius , nihil homine libero dignius.

CICERO.

INTRODUCTION.

L'INTÉRÊT du cultivateur est de s'attacher à la culture des plantes qui conviennent le mieux à la qualité de ses terres, ou qui sont les plus nécessaires pour la nourriture de ses bestiaux. Il est donc important pour lui de connoître les principes généraux de la végétation, la nature & l'emploi des racines & des feuilles, la substance dont se nourrissent les plantes, & les avantages qu'elles reçoivent d'une bonne culture.

La première partie de cet Ouvrage sera consacrée à l'exposition sommaire de ces principes ;

La seconde traitera des prairies artificielles ;

La troisieme, de l'utilité des enclos & de la maniere de les former ;

Dans le quatrieme, on indiquera les moyens les plus propres pour élever avec succès un troupeau nombreux de moutons.

Enfin, dans la cinquieme on trouvera la maniere de déficher la terre pour y former des prairies artificielles , & un article sur la culture de la vesce.

Charue d'une nouvelle construction. a . a . sont deux roues pour en diminuer le frottement.

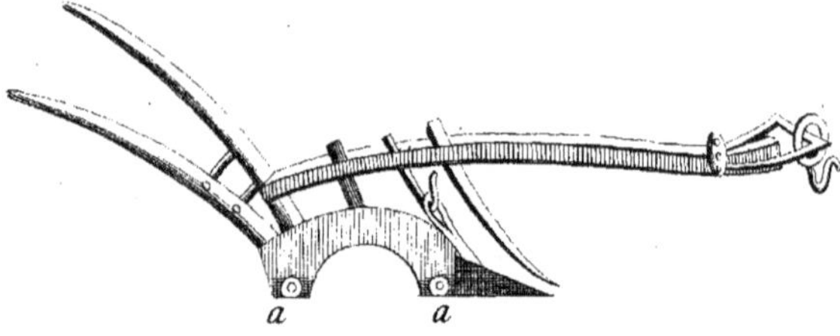

Charue de la meilleur construction pour labourer la terre.

Est-il vrai qu'il ... dangereux de laisser teter le premier la...
coulé agneau, p. 111 . Réflexions à proposer.

Fait singulier sur le toit que les moutons font ... arbres. 115
moutons de mettre les ... en ... 61.
Carottes excellentes pour les chevaux. 80
industrie en Anglais pour cultiver le plus mauvais sol. 91.
État du commerce des laines en Angleterre 128
... Géographie. 130
Détail des manufactures qui font usage des laines d'Angleterre. 161.
Voy. p. 166 et suiv.

TRAITÉ

DES

PRAIRIES ARTIFICIELLES.

PREMIERE PARTIE.

ARTICLE PREMIER.
Des Racines.

Toute plante eſt compoſée de pluſieurs parties, qui ſont les racines, la tige, les feuilles, les fleurs & le fruit, ou la graine.

Les Botaniſtes diſtinguent pluſieurs ſortes de racines; mais il ſuffit à notre objet de les diviſer en deux eſpeces, ſous la dénomination de *racines rampantes* & *racines pivotantes.*

Les racines *rampantes* ſont celles qui courent horizonta-lement entre deux terres, & ſe diviſent en pluſieurs branches en tout ſens; les *pivotantes,* au contraire, s'enfoncent per-pendiculairement : on n'en trouve ordinairement qu'une ſeule à chaque plante, & il en eſt qui pénetrent juſqu'à pluſieurs pieds de profondeur. Elles ſont auſſi environnées de petites

racines, plus longues vers la partie du tronc la plus groffe, &
plus courtes à mefure qu'elles s'approchent de l'extrêmité
oppofée.

Ces petites racines fe nomment *fibres* ou *racines fibrées* ; &
lorfque les plantes n'en ont que de cette efpece, on les appelle
racines en bottes.

Les plantes prennent la plus grande partie de leur nourriture par les racines. Lorfqu'on examine celles-ci au microf-
cope, leur extrêmité paroît fpongieufe, & l'on y apperçoit
une infinité de petites bouches par où elles fuccent le fuc
nourricier. Ceci eft fur-tout remarquable dans les racines fibrées, car les grandes font dures & moins poreufes; & au lieu
de prendre elles-mêmes leur nourriture, il paroît qu'elles la
reçoivent des petites.

Les racines s'étendent beaucoup plus loin que communément on fe l'imagine, fur-tout lorfqu'elles font dans une
terre bien remuée. On a vu des fibres de carottes & de navets s'étendre jufqu'à quatre pieds de diftance du tronc, &
d'autres courir dans une terre bien remuée, jufqu'à trois
pieds de leur origine.

Lorfque des racines trouvent d'un côté un obftacle à leur
accroiffement, celles de l'autre côté s'en dédommagent auffi-
tôt par une plus grande extenfion, & regagnent ce que les
autres avoient perdu. C'eft ce qui arrive aux plantes femées à
peu de diftance les unes des autres fur des lignes entre lefquelles on a réfervé un intervalle fuffifant pour permettre
la culture avec la houe. Ces plantes font toujours plus vigoureufes, & profitent mieux que celles qu'on a femées au hafard & fans ordre, en fuppofant même que les unes & les

autres euſſent autant de terrain pour s'étendre. C'eſt donc à
tort qu'on a voulu prétendre que les racines de la luzerne,
femée par rangs au moyen d'un femoir, font reſſerrées dans
un plus petit eſpace que celles de cette même plante femée
à la main & au hafard, puifque fi elles fe trouvent un peu à
l'étroit fur la ligne qu'elles occupent, elles ont la liberté de
s'étendre de chaque côté des intervalles cultivés avec la houe,
& que par l'effet de cette culture, elles y trouvent plus de fubftance que ne peuvent faire des plantes femées au hafard, quoique libres de s'étendre en tout fens dans une terre qui n'eſt
point remuée. On a vu des racines de feves plantées par rangs
croître de trois pouces en vingt-quatre heures, dans des intervalles cultivés avec la houe; & M. Miller dit avoir me-
furé des racines de plantes élevées dans des pots, dont la longueur étoit douze fois plus grande que celle de la circonférence de ces mêmes pots. En fuppofant que ceux-ci euſſent
feulement quatre pouces de diametre, les racines, malgré
leur contrainte, avoient donc acquis treize pieds de longueur. Cet Auteur ajoute que quelques-unes des plus vigoureufes étant parvenues à paſſer par le trou qui fe trouvoit
au fond des pots, s'étoient étendues, en trois mois de tems,
jufqu'à dix & douze pieds de diftance; ce qui fait plus de
neuf pouces par femaine.

Les racines cherchent toujours la terre qui a été remuée,
où elles ne trouvent point d'obſtacles, & baiſſent ou s'élevent
dans la même direction qu'elle; & il n'eſt pas rare d'en voir
pénétrer fous un foſſé de deux pieds de profondeur, & remonter enfuite au-delà pour gagner une meilleure terre.

Lorfqu'une racine a été coupée ou caſſée, il pouſſe près

de l'endroit mutilé, une certaine quantité de racines fibrées ;
& c'est un des avantages qui résultent de la culture avec la
houe, en ce que par l'usage de cet instrument, beaucoup de
racines se trouvant coupées, elles produisent bientôt après une
plus grande quantité de fibres, qui procurent à la plante
une substance plus abondante. Il en est de même lorsqu'on se
sert de l'*arare*, petite charrue dont l'effet est le même que celui
de la houe ; car, quoique les racines soient alors coupées plus
près de la plante, il en pousse incessamment de nouvelles, qui
trouvent dans les intervalles assez de nourriture pour n'a-
voir pas besoin de s'étendre beaucoup pour en chercher. Au
reste, il y a une telle communication entre les différentes
racines de la même plante, que l'une d'elles ne peut se trouver rafraîchie par l'eau, sans que toutes les autres partici-
pent à l'avantage qui en résulte.

Quand les plantes manquent d'espace pour s'étendre, leur
croissance est lente & difficile ; leurs racines sont aussi plus me-
nues, plus courtes & plus foibles, & ces plantes souffrent
davantage de la sécheresse & de la gelée. D'ailleurs, leur trop
grande proximité forme un ombrage qui les prive en plus
grande partie des rayons du soleil si nécessaires à la végétation, & sans l'influence desquels elles ne peuvent mûrir. La
circulation de l'air se trouve aussi considérablement intercep-
tée, & ce double inconvénient rend la tige foible & spon-
gieuse ; la plante verse le plus souvent, pourrit, ou tout au
moins se trouve fort endommagée ; la graine ne peut mûrir, & les tiges étant molles sont plus aisément entamées
par les insectes dont elles deviennent la proie.

Le moyen d'éviter tous ces accidens est de donner aux
plantes un espace suffisant.

ARTICLE II.

Des Feuilles.

LES feuilles rendent aux plantes le même service que les poumons aux animaux. C'est par elles que s'évapore le superflu des sucs dont se chargent les racines en plus grande abondance que n'exige la nourriture des plantes. Dans la plus grande partie de celles-ci, les feuilles sont lisses en-dessus, & rudes & cotonneuses en-dessous. La partie supérieure sert à la perspiration, & est le canal par où se décharge la trop grande abondance ou la partie grossiere des sucs reçus d'abord par les racines, puis élaborés, cuits ou modifiés en passant dans la plante; la partie inférieure reçoit les vapeurs subtiles qui s'élevent de la terre, & qui, s'accrochant d'abord aux petits poils, s'insinuent ensuite dans la feuille, & par un méchanisme admirable, vont se mêler avec la seve qu'elles perfectionnent.

On peut aisément se convaincre de la différence de l'emploi de ces deux parties des feuilles, en assujettissant celles d'un pied de vigne dans un sens contraire à celui qu'elles ont naturellement : on le verra bientôt languir, & il ne reprendra sa vigueur qu'après que les feuilles étant mises en liberté, elles auront repris leur situation naturelle; ce qu'elles feront d'elles-mêmes & en très-peu de tems.

Quelques Observateurs remarquant dans les plantes cette double faculté de perspirer & d'inspirer, ont été portés à croire que la seve étoit assujettie à une circulation semblable à celle du

ſang dans les animaux. Quoi qu'il ſoit de cette opinion, toujours paroît-il qu'elles ne tirent pas leur nourriture des ſeules
racines , mais que les feuilles rempliſſent , à cet égard, une
fonction non moins importante.

La grande utilité des feuilles eſt ſur-tout démontrée par l'im-
poſſibilité où ſont les plantes de s'en paſſer long-tems : elles
périſſent bientôt lorſqu'on les en prive, & l'on emploie quelquefois cette méthode pour ſe défaire de celles qui gênent ou
qui peuvent être dangereuſes.

ARTICLE

A R T I C L E I I I.

De la nourriture des Plantes.

L E S changemens extérieurs que la végétation opere dans les différentes parties des plantes, ne font ignorés de perfonne ; mais de quelle nature eft la fubftance à laquelle eft dû ce développement merveilleux ? C'eft ce que perfonne n'a pu définir encore d'une maniere fatisfaifante. Les Naturaliftes partagés fur ce point, ne s'accordent qu'à l'égard des racines, qu'ils confiderent comme les canaux par où l'aliment végétal s'infinue, & les expériences qu'on a faites fur cet objet n'ont fervi qu'à prouver que les végétaux peuvent fe paffer de terre, pourvu que l'air & l'eau ne leur manque point. L'Analyfe chymique qu'a fait M. Duhamel de plantes élevées dans l'eau, & dont toutes les parties fe font trouvées abfolument femblables à celles des mêmes plantes qui avoient pouffé dans la terre, démontre ce fait d'une maniere évidente. Cet Académicien a auffi trouvé que l'addition du nitre ou du fel marin à l'eau, ne contribue point à la végétation ; qu'il en eft de même d'une folution de terre graffe ou de fumier, & que les plantes fe trouvent mieux de l'eau fans aucun mêlange.

Parmi les expériences multipliées qu'on a faites fur cet objet intéreffant, en voici une qui mérite fur-tout d'être remarquée. On a femé de l'avoine & de la graine de chanvre dans de la terre, du fable très-fec, des rognures de papiers, du foin haché, enfin dans des morceaux d'étoffe de laines,

& ces différentes fubftances ayant été entretenues dans une humidité continuelle, la végétation s'eft trouvée à peu près la même dans toutes, mais feulement plus lente dans quelques-unes. Ce qui n'eft pas moins remarquable, c'eft que ces mêmes graines femées dans de la limaille de fer, dans du fable mêlé avec du nitre, dans des cendres neuves, dans de la potaffe & dans de la farine, n'ont point pouffé quoiqu'humeêtées comme les autres. Une autre chofe auffi extraordinaire, c'eft que les fels de toute efpece, mêlés avec la terre, non-feulement retardent la végétation, mais même l'arrêtent totalement.

Il paroît auffi prouvé, que la terre la plus épuifée n'a befoin que d'être paffée au tamis pour recouvrer fa fertilité, & qu'après cela elle eft auffi féconde que le fol le plus gras ; que la plus maigre perd encore de fa qualité, lorfqu'on la mêle avec de la chaux, & enfin que l'eau de chaux ne provoque point la végétation.

Ces expériences faites avec le plus grand foin, répétées avec la plus fcrupuleufe exaêtitude, & toujours fuivies des mêmes réfultats, me paroiffent fuffifantes pour conclure, comme on l'a fait, que la terre ne contient en elle-même aucune nourriture *fpécifique*, & que celle que prennent les plantes provient de l'eau & de l'atmofphere.

Je dis de l'atmofphere, car, quoique dans les expériences que nous venons de citer, l'eau femble avoir été le principal agent de la végétation, il faut cependant remarquer que l'air y a contribué pour beaucoup. Tous deux contiennent également des fucs végétatifs, & l'affiftance de l'air eft abfolument indifpenfable aux plantes. Sans lui, elles ne peuvent exiſter, & lorſque les graines en ſont privées, ou que le vaſe qui les contient n'en permet point le renouvellement, elles perdent toute leur fécondité. C'eſt ce que prouve le fait ſuivant arrivé il y a pluſieurs années en Angleterre.

Quelques perſonnes voulant ſe procurer des graines d'Amérique, écrivirent à leurs amis, & leur recommanderent de mettre ces graines dans des bouteilles, & de les fermer très-exaſtement. L'ordre fut exécuté à la lettre ; mais les graines ayant été ſemées, pas une ne leva. Ce phénomene piqua la curioſité des Naturaliſtes, & donna lieu à de ſemblables expériences ſur des graines indigenes. On en remplit des bouteilles qui furent bouchées très-hermétiquement, & que l'on n'ouvrit que pour ſemer au bout d'un an. Le réſultat fut exaſtement le même ; rien ne leva, & il demeura prouvé que l'aſtion de l'air n'eſt pas moins indiſpenſable pour la conſervation des graines, que pour celle des plantes.

Il eſt des Auteurs qui prétendent que l'air eſt le ſeul aliment des plantes ; d'autres, au contraire, penſent que chaque eſpece a un germe de nourriture qui lui eſt propre. Quoi qu'il en ſoit, on ne peut nier que le fumier, & en général tous les engrais ne facilitent la végétation & ne fertiliſent le ſol. Mais cette vertu provient-elle des huiles & des ſels qu'ils contiennent ? C'eſt ce qui n'eſt rien moins que prouvé. Les mêmes effets peuvent s'attribuer à la fermentation, qui, en ouvrant les pores de la terre, la diſpoſe à recevoir d'autant mieux les influences de l'atmoſphere ; & cela paroît d'autant plus probable, qu'on obtient les mêmes avantages des labours & de la culture avec la houe. Si l'effet des engrais eft plus propre & plus durable, c'eft qu'il fe trouve aidé par l'action de l'athmofphere ; tout cela n'a rien de commun avec l'huile & les fels en queftion. D'ailleurs, il eft très-incertain que ces fubftances foient affez déliées pour s'infinuer dans les pores des racines, & auffi qu'elles foient propres à nourrir les plantes. Celles-ci ont entre elles des différences confidérables & effentielles. Il en eft de même des engrais. Or, fuppofer que tous puiffent indiftinctement fervir de nourriture aux plantes, n'eft-ce pas admettre dans celles-ci la faculté de convertir à leur ufage les chofes les plus oppofées ?

Les procédés chymiques auxquels on a eu recours pour découvrir l'aliment végétal, font en très-grand nombre ; mais l'analyfe de la terre par le feu, ne la montrant plus dans fon état primitif, il eft impoffible de trouver par cette voie la marche de la nature, & de lever le voile dont elle couvre fes opérations fecrettes. Au refte, cette recherche eft bien digne de l'homme, & la découverte du principe de la végétation feroit affurément une des plus intéreffantes pour fon bonheur. L'amélioration des terres ne feroit plus alors une affaire de fpéculation, & l'on fauroit exactement dans quelle proportion il faudroit mêler telle terre avec telle autre, & corriger une fubftance par une autre fubftance.

L'eau s'infinuant avec beaucoup de facilité dans les pores de la terre, & divifant fes parties conftitutives fans les diffoudre ni en altérer la nature, il y avoit lieu de croire que, par des lotions de différentes terres, on pourroit découvrir en quoi réfide la faculté végétative, & ce qui différencie d'une maniere fi particuliere un bon fol d'avec un mauvais ; mais malgré toute l'exactitude & les foins qu'on a apportés dans les expériences faites à ce fujet , l'on n'a découvert rien de neuf , & au contraire tout femble avoir confirmé que les meilleures terres ne contiennent pas *effentiellement* plus de fucs nourriciers que les autres, mais qu'elles n'en font mieux pourvues , que parce que leur difpofition naturelle les rend plus propres à fervir de *matrice* à l'aliment végétal qui s'y dépofe & paffe enfuite dans les racines des plantes , & qu'enfin leur fertilité cefferoit d'exifter , fi cette matiere étrangere ceffoit de les féconder.

Le fluide qui environne la terre , & qu'on appelle atmofphere, eft un compofé d'air & d'eau, mêlés d'une variété infinie de fubftances. Tous les corps plus légers que l'air, s'élancent dans ce fluide qui eft à la fois le dépôt & la fource de toutes les formes fublunaires, la maffe ou le cahos qui les reçoit & les diftribue. Il contient un mêlange de toutes les parties actives & volatiles des végétaux, des minéraux, des foffiles & des animaux; enfin les émanations de tous les corps qui tranfpirent ou fe corrompent, & qui, recueillies par l'air, & étant expofées enfuite à l'action du foleil, deviennent la fource d'une multitude de réfultats chymiques qui fourniffent à une nouvelle génération les fels & les efprits dont elle a befoin. Ainfi, l'air eft une maffe active , compofée d'une infinité de différens principes , & à la fois une fource de corruption & de procréation, dans laquelle les germes de toutes chofes femblent dépofés, & n'attendre qu'une matrice convenable pour fe développer.

La terre eft plus poreufe & moins ferrée vers la furface , qu'elle ne l'eft en-deffous. Plus on pénetre & plus on la

trouve compacte, & cela fans doute en raifon de la pe-
fanteur de la premiere couche. C'eft dans celle-ci que l'aliment végétal contenu dans l'atmofphere vient fe loger lorfqu'il defcend avec la rofée ou la pluie ; & quoique celle-
ci pénetre quelquefois à une très-grande profondeur, cependant comme elle ne s'enfonce qu'en filtrant, elle fe trouve dé-
pouillée de la fubftance végétative qui refte vers la furface, &
dont l'abondance, plus ou moins grande, enrichit plus ou
moins le fol.

Ainfi, la premiere couche dans toutes fortes de terres doit
être confidérée comme la plus féconde ; & quoique l'intérieur
de quelques-unes foit quelquefois auffi bon & même meilleur,
cependant en général, plus on creufe profondément, & plus
on trouve une mauvaife terre. Au refte, lorfqu'on amene
celle-ci à la furface, & qu'on l'y remue fréquemment, elle
n'a pas plutôt reçu les influences des l'atmofphere, qu'elle
fe bonifie & devient fouvent meilleure que la premiere couche
elle-même. Voilà pourquoi le fol des jardins eft plus profond & plus fertile que celui des champs voifins : ceux-ci ne
reçoivent que le bénéfice de quelques légers labours, tandis
que les premiers, déjà enrichis par les engrais, font encore
remués plus fouvent & plus profondément. Tous font pourtant également fufceptibles du même rapport entre les mains
d'un cultivateur aifé & intelligent, & il n'y a pas jufqu'au
plus mauvais fol qui ne puiffe, à la longue, acquérir le degré convenable de profondeur, fi chaque fois on enfonce un
peu davantage le foc de la charrue, & fi l'on a foin d'y
répandre quelques engrais.

Lorfqu'une terre eft appauvrie par une fuite de récoltes,

elle recouvre fa fertilité par le repos & les labours; c'eft ce qui fe voit dans les jacheres : l'atmofphere leur rend ce que les récoltes leur avoient enlevé, & cela prouve encore que l'aliment végétal eft quelque chofe de diftinct de la terre, & que celle-ci ne fait que lui fervir de dépôt.

Jamais la multiplicité des labours ne nuit à la fécondité de la terre : loin de lui faire tort, ils la bonifient; mais en vain les prodigueroit-on fur un mauvais fol, on ne lui procureroit pas pour cela la fertilité d'un bon qui feroit cultivé de la même maniere. Cette différence paroît provenir de la forme du volume & de la qualité des fables qui fe trouvent dans la terre. L'on fait que les bonnes en contiennent en plus grande abondance que celles qui font maigres & graveleufes; mais la qualité de ces fables n'a jamais été bien approfondie.

La couche fupérieure de la terre eft d'une couleur plus brune que le refte, occafionnée fans doute par les parties fulfureufes & huileufes de l'atmofphere qu'elle contient. Elle ne refte pas toujours la même dans les terres labourées, mais varie à mefure qu'elles font plus ou moins épuifées par les récoltes, plus ou moins enrichies par les engrais & les labours.

Cette couleur eft connue de tout cultivateur, & les plus habiles font en état de prononcer d'après elle, fur la fituation actuelle d'un fol quelconque. Il y a donc un rapport évident entre elle & la nourriture des plantes; c'eft le fentiment de M. Lifle, homme très-inftruit, & qui s'en exprime ainfi dans un Traité compofé fur cette matiere. « Ce baume » végétal, quoique fi difficile à définir, eft pourtant auffi fen» fible à la vue qu'à l'entendement. Subtil comme un phan-

» tôme, il laisse par-tout des traces qui n'échappent point au
» cultivateur diligent & attentif; il se manifeste par la diffé-
» rence des couleurs de la terre quand le soc le retourne, & il
» annonce alors la quantité des récoltes qu'elle a donnée, &
» ce qu'elle a perdu de sa qualité. Le repos, en lui rendant sa
» couleur, lui rend en même-tems sa fertilité, & celle-ci
» se reconnoît à cette marque, aussi facilement qu'on voit
» quand la prune ou le raisin ont conservé leur fleur ».

Suivant M. Lisle, la couleur brune de la superficie de la
terre provient en partie du fumier qu'on y répand, mais
plus particulierement de l'influence de l'atmosphere ; opinion d'autant mieux fondée, que cette couleur & la fertilité sont indépendantes des engrais, ainsi que nous l'avons
établi ci-dessus.

Nous terminerons cet article par un passage de M. de Chateauvieux, bien propre à confirmer cette doctrine.

« Des expériences répétées, dit-il, & dont les résultats ont
» été constamment les mêmes, m'ont appris, & je puis har-
» diment assurer, que des terres extrêmement mauvaises, &
» qui rapportoient à peine de quoi payer les frais de culture,
» sont devenues fertiles par l'effet des seuls labours, & sans
» le concours d'aucune espece d'engrais. C'est une vérité frap-
» pante, & d'après laquelle je me suis déterminé à adopter la
» nouvelle culture. Il étoit intéressant pour moi d'être sûr de
» mon fait, & je résolus avant tout, de tenter une épreuve
» sur une petite portion de terrain, que je regardois comme
» incapable d'aucun rapport. Quelques années auparavant,
» j'avois fait enlever la terre sur trois pieds d'épaisseur, dans
» un espace de soixante toises quarrées, de maniere qu'il ne

» reſtoit plus qu'une glaiſe blanchâtre, très-compacte & bonne
» pour l'uſage des potiers. Ce terrain me parut, en cet état,
» extrêmement propre à mon expérience. Comme il étoit
» trop petit pour admettre l'emploi de la charrue, j'eus re-
» cours à la bêche & à la houe; & après avoir formé pluſieurs
» couches, j'y fis ſemer du bled, & l'on eut ſoin de remuer
» fréquemment les intervalles. La premiere année, mes plan-
» tes furent très-foibles, & ne donnerent que deux, trois &
» quatre tuyaux chaque : elles furent plus belles l'année d'après;
» & à la troiſieme, elles étoient auſſi fortes qu'aucune autre
» que mon jardin eût pu produire. Ce terrain a toujours été
» depuis également fertile.

» Voilà une preuve bien remarquable de ce qu'on peut atten-
» dre de la ſeule opération de pulvériſer la terre. Celle dont je
» viens de parler eſt, à préſent, comme du terreau; & ce qu'il
» y a de plus frappant, c'eſt que ſa couleur qui, dans l'origine
» étoit pâle, eſt aujourd'hui très-noire. Suivons cette pratique
» pour nos mauvaiſes terres; labourons & remuons-les avec per-
» ſévérance; le ſuccès eſt infaillible; il couronnera nos tra-
» vaux ».

A R T I C L E   I V.

Des Plantes Parafites.

ON appelle *plantes parafites* toutes celles que le Laboureur n'a pas femées, & qui croiffent parmi les grains qu'il cultive. Ces plantes font plus ou moins nuifibles & plus ou moins difficiles à expliquer ; mais celles qui viennent à la fois de graine & de bouture, fe propagent le plus aifément, & contribuent davantage à appauvrir le fol : les unes étouffent les grains ou leur donnent un ombrage funefte ; d'autres gênent la circulation de la féve en s'entortillant autour de la tige ; d'autres enfin répandent des émanations dangereufes.

C'eft fur-tout par la privation des fucs que les plantes parafites dérobent à la terre, qu'elles font le plus de tort aux grains ; l'efpace qu'elles occupent à leur préjudice eft fans doute un mal, mais l'expérience fuivante prouve qu'il n'eft pas comparable au premier. En effet, préparez de la même maniere trois portions égales d'une même terre ; femez-les l'une comme l'autre ; farclez enfuite l'une de ces portions ; laiffez les mauvaifes herbes croître dans une feconde ; farclez la troifieme, & plantez y une plus grande quantité de bâtons qu'elle ne contenoit de plantes parafites, & vous trouverez que la premiere & la troifieme portion donneront une récolte à peu près femblable, tandis que la feconde où les mauvaifes herbes auront crû en liberté, fera moindre à proportion de la quantité & de la nature de celles-ci.

Les arbres plantés en plein champ, fourniffent une nouvelle

preuve de ce fait, en ce qu'ils font tort, non-feulement aux grains qui les environnent du côté du Nord où ceux-ci reçoivent de l'ombrage, mais encore à ceux du Midi, où l'ombre n'eft jamais fenfible. Le mal ne provient pas non plus des gouttes d'eau qui tombent des branches, puifqu'il eft le même hors de leur portée ainfi que du côté qui fe trouve le plus dégarni. C'eft donc aux racines qu'il faut tout attribuer : il eft évident qu'elles produifent le même effet que les plantes parafites, c'eft-à-dire qu'elles appauvriffent le fol; & leur influence à cet égard eft telle que quelquefois elle s'étend jufqu'à un demi acre en circonférence. Cette vérité paroît méconnue en Bretagne, du moins s'il en faut juger par les apparences & la pratique des cultivateurs, fur-tout aux environs de Rennes. Mais un tems viendra peut-être, où quelque Citoyen de diftinction verfé dans l'Agriculture, s'occupera de changer la face des chofes, renverfera ce mêlange bizarre d'arbres & de plantes qu'on rencontre à chaque pas, & par des foins, des encouragemens & une protection foutenue, augmentera à la fois la richeffe & la population de cette Province, une des plus confidérables du Royaume.

L'on croyoit autrefois à la naiffance fpontanée des plantes, & l'on regardoit la génération de plufieurs comme équivoque; car quoiqu'on s'accordât à dire qu'elle ne provenoit d'aucune femence, on étoit incertain fi on devoit l'attribuer à la corruption en même-tems qu'à l'influence combinée de l'air & du foleil, ou bien à quelque qualité occulte de la terre. On eft revenu aujourd'hui de ces vieux préjugés, & l'on s'eft convaincu par des expériences répétées, que toutes les plantes viennent de graine. Cependant beaucoup de Laboureurs tiennent encore à l'ancienne opinion, & d'après cela, ils regardent l'extirpation des mauvaises herbes comme impossible. De-là vient que plusieurs remarquant que la terre en est d'autant plus chargée qu'on la remue plus souvent, prennent le parti de semer après un premier labour. Cette méthode est pourtant la plus mauvaise ; car beaucoup de graines se conservant dans la terre, le seul moyen de parvenir à les détruire, est de provoquer d'abord leur croissance par de profonds labours. Dès que la terre est profondément remuée, elles croissent en grand nombre ; alors un nouveau labour en détruit la meilleure partie, & la houe acheve ensuite d'en purger la terre. Ces avantages ne peuvent s'obtenir de l'ancienne culture, & cela pour plusieurs raisons.

1°. Faute de labours assez profonds, le soc n'amene point à la surface beaucoup de graines qui restent à une profondeur trop considérable pour en faciliter la croissance.

2°. Toutes les graines, quoique suffisamment couvertes, ne croissent pas dès la premiere année.

3°. Il s'en trouve une infinité dans le fumier, qui repeuplent les terres à mesure qu'on les y détruit.

4°. Parmi ces plantes, il en est qui viennent de graine & de bouture, ensorte que chaque partie de racine produit une nouvelle plante dès qu'elle est séparée du tronc.

5°. L'usage de semer à la main est insuffisant ; d'ailleurs ce n'est que lorsque les mauvaises herbes sont déjà grandes, c'est-à-dire après qu'elles ont fait le plus grand tort à la terre & à la récolte, qu'on envoye des gens pour les arracher ; ceux-ci laissent sur pied toutes celles qui sont trop petites pour être facilement arrachées & qui par la suite montent en graine,

& de plus ils endommagent confidérablement les grains en les foulant aux pieds.

Lorfqu'un Laboureur qui fe propofe de laiffer repofer fa terre voudra profiter de ce tems pour lui donner de bons & de fréquens labours, il s'appercevra bientôt de l'excellence de cette méthode; mais fi dans la feule vue de renouveller fa terre, il fe contente de lui donner un labour plus profond qu'à l'ordinaire, il ne doit pas s'étonner s'il amene à la furface une quantité confidérable de graines qui fe trouvoient enfevelies depuis long-tems, & qui croîtront auffi vîte que celles de l'année; car il eft de fait que plufieurs fortes de femences fe confervent pendant un nombre infini d'années, & peut-être pendant des fiecles entiers dans la terre, pourvu qu'elles y foient à une profondeur un peu confidérable.

Les caufes de la multiplication des mauvaifes herbes, dont nous avons fait mention ci-deffus, ne font pas les feules. Les oifeaux emportent la graine d'un champ à l'autre lorfqu'ils vont chercher leur nourriture, & le vent feme à une grande diftance celles dont la graine eft cotonneufe & légere, telles que le chardon, la dent-de-lion, & autres qui croiffent dans les terreins les plus incultes & fur les levées qui avoifinent les fermes. Il ne faut donc pas s'étonner fi les plus mauvaifes terres ne laiffent pas de produire continuellement une multitude de plantes parafites.

Les Laboureurs ignorans difent que fi on ne couvre point la terre avec les grains, elle fe remplit de mauvaifes herbes, & en conféquence ils fement très-dru, mais cette prodigalité de femence eft en pure perte; ils n'obtiennent pas pour cela une meilleure récolte, & leur terre n'en eft pas moins infectée d'une multitude d'herbes fauvages, qui enlevent la nourriture des plantes & les rendent foibles & languiffantes.

De tout ceci, l'on doit conclure qu'un point des plus importans de l'Agriculture eft de nettoyer les terres autant qu'il eft poffible, & que le meilleur moyen d'y parvenir eft de donner d'abord de profonds labours & de cultiver enfuite avec la houe & l'arare, inftruments qu'on ne fauroit trop faire connoître, & dont l'ufage eft fur-tout indifpenfable dans la culture des plantes dont nous traiterons ci-après.

ARTICLE V.

De la culture avec la Houe.

ON se sert avantageusement de la houe pour ammeublir la terre pendant que les grains sont sur pied : cette opération ne differe du labourage que par les instrumens & le tems où on les employe ; mais toutes deux sont également utiles & indispensables. Il ne suffit pas de labourer profondément ; car la charrue n'a pas plutôt quitté le sillon, que la terre commence à s'affaisser & qu'elle continue à se tasser jusqu'à ce qu'elle soit parvenue au même état qu'auparavant. Or, c'est dans ce tems que les plantes ayant acquis plus de force, ont aussi un plus grand besoin de nourriture ; si donc la terre devenue plus compacte s'oppose alors à la libre extension des racines, elles se trouvent privées d'une quantité suffisante de sucs nourriciers au moment où elles peuvent le moins s'en passer. De-là résulte aussi qu'une grande partie des engrais se trouve répandue en pure perte, & que leurs effets sont les plus sensibles dans le tems où ils sont le moins nécessaires. On épargneroit sur la quantité, & l'on en retireroit à la fois plus d'avantages, si on ne les répandoit qu'à proportion du besoin des plantes & à mesure qu'elles prennent leur accroissement.

Ces inconvéniens disparoissent dans la culture avec la houe, & particulierement avec l'arare ; car alors la terre se trouve entretenue dans le même état où le labour & la herse l'avoient mise avant la semaille, & les plantes reçoivent plus de nourriture à mesure qu'elles deviennent plus fortes.

Un fecond avantage de cette culture eft la deftruction des herbes parafites, fur-tout lorfqu'on peut faire ufage de l'arare.

Il en naît un troifieme non moins important, c'eft l'humidité dans laquelle la terre fe conferve pendant les fécherefles. Sa furface étant plus ouverte, la rofée pénetre à une plus grande profondeur que les rayons du foleil, elle rafraîchit jufqu'aux racines, & les plantes en reçoivent les influences d'une maniere plus fenfible.

Veut-on fe convaincre de la réalité de ces avantages? Creufez dans la terre la plus feche, un trou de la même profondeur que les fillons. Remuez la terre pour la rendre bien meuble, & comblez enfuite le trou; au bout de quelques nuits, lorfqu'elle aura été imbibée par la rofée, vous la trouverez fraîche & humide en deffous, tandis que la terre des environs qui n'aura point été remuée, reftera dans le même état de dureté & de fécherefle.

Les terreins fermes une fois bien abreuvés, reftent, il eft vrai, plus long-tems humides que ceux qui étoient nouvellement remués; mais le féjour de cette abondance d'eau tranfit les plantes plus qu'elle ne les nourrit; elle les prive en même-tems des influences de l'atmofphere, parce que la terre devient encore plus compacte après qu'elle eft enfin déffechée, & qu'alors elle n'admet plus d'humidité que celle qu'occafionnent de grandes pluies continues; ce qui n'arrive guere que dans l'hiver, faifon morte pour la végétation.

Les terres cultivées avec la houe ne retiennent d'eau que ce qu'il eft néceffaire, & trouvent dans la rofée un fupplément fuffifant pour fe conferver dans une fraîcheur convenable. Auffi les plantes qu'on y éleve annoncent-elles par leur vi-

gueur

gueur le bien-être dont elles jouiffent, tandis que celles des terreins voifins cultivés à l'ordinaire languiffent le plus fouvent & dépériffent : heureufes, quand quelques-unes de leurs racines peuvent fe faire jour jufqu'au champ fortuné, où fe trouve à la fois abondance & fraîcheur ; car il eft à remarquer qu'une plante élevée dans un fol qui lui convient, profite toujours lorfqu'elle eft à proximité d'un terrein bien remué, à moins qu'elle ne foit étouffée par d'autres plantes.

Ainfi pendant les plus grandes féchereffes, on peut procurer de la fraîcheur à la terre au moyen de la culture avec la houe ; & ceux qui s'imaginent qu'on produit un effet contraire, & qui craindroient de remuer la terre en ce tems fans l'arrofer, font dans une erreur préjudiciable à leurs intérêts. Il eft vrai que pour retirer de cette opération un plus grand avantage, il eft néceffaire que la terre ait reçu dans l'origine un labour très-profond ; fans quoi la rofée ne pénétreroit pas affez, & le foleil la repomperoit pendant la journée.

Les plantes n'ayant pas comme les animaux la faculté du mouvement local, ne peuvent d'elles-mêmes changer de place pour fe procurer une plus grande abondance de nourriture : la houe leur rend à cet égard un fervice important, en ce qu'elle tranfplante une partie des racines & leur fait trouver ailleurs de nouveaux fucs, & que caffant ou coupant une autre partie, elle donne lieu à la pouffée de nouveaux fibres. Ainfi, de toutes manieres, il réfulte pour la plante une augmentation de nourriture ; & fi l'on en voit fi peu atteindre à leur perfection, c'eft, j'ofe le dire, faute d'avoir été cultivées de cette façon.

Lorfqu'on fe propofe de pratiquer cette culture, il faut

femer & planter fur des lignes féparées par des intervalles fuf-
fifans pour admettre la houe ou l'arare. Il eft de même néceffaire que la femence foit enfoncée dans la terre qu'autant qu'il
convient : il faut donc renoncer à femer à la main ; par cette
méthode une partie de la graine fe trouve enfevelie fi profondément, qu'elle eft incapable de percer; une autre refte tout
à fait à découvert & devient la proie des oifeaux ou des infectes ; & dans tel endroit la femence eft très-fréquente, lorfque dans tel autre elle eft très-rare ; jamais enfin la récolte
n'eft auffi abondante qu'elle pourroit l'être. Une plante qui
jouit d'un efpace fuffifant pour étendre fes racines & fes
branches, en produit plus que vingt entaffées les unes fur les
autres, & cette jufte répartition du terrein entre toutes les
plantes, ne peut s'obtenir que d'un femoir.

Chaque efpece de femence veut être plus ou moins couverte :
quelques-unes doivent l'être à quatre pouces, & d'autres
feulement à un demi pouce de profondeur ; le plus grand défaut eft de trop les couvrir.

La qualité de la femence ne fe découvre pas toujours à la
vue, & fes défauts occafionnent autant de mauvaifes récoltes,
que la trop grande profondeur à laquelle elle fe trouve quelquefois. Avant donc de femer aucune graine, il eft à propos
d'en faire un effai pour s'affurer de fa bonté ; ce qui fe connoit
aifément par la quantité plus ou moins grande des tiges. Cette
précaution eft de même néceffaire pour chercher le degré de
profondeur auquel il convient de femer. On doit auffi avoir
égard à la nature du fol, à fa pofition & à la faifon dans laquelle on feme ; mais ces chofes ne s'apprennent que par l'expérience.

L'on économise beaucoup de femence par l'ufage de la charrue à femoir ; non pas cependant parce que l'efpace néceffaire à la houe, occafionne une perte de terrein & une diminution de plante, car il eft des cas où cette culture en admet un plus grand nombre, mais parce que la femence fe trouve plus également répartie, que par conféquent elle leve mieux, qu'une portion ne fe trouve pas répandue en pure perte, & n'eft point expofée à beaucoup d'inconvéniens qui ont lieu dans la méthode ordinaire. Les avantages de la charrue à femoir font fi fenfibles dans cette partie, que lorfque M. Tull fit les premiers effais de fa nouvelle culture, les Laboureurs ne pouvoient comprendre comment avec fi peu de femence il recueilloit, fur un terrein quatre fois moins étendu que le leur, autant de grains qu'ils en recueilloient eux-mêmes, & cela tous les ans, fans pourtant laiffer fes terres en jachere, & même fans leur donner d'engrais.

Cette culture pofe fur une bafe oppofée à l'ancienne pour ce qui concerne les terres à bled. Dans celle-ci, l'ufage des engrais, & fur-tout du fumier, eft regardé comme abfolument indifpenfable ; & dans la nouvelle, les labours fréquens font recommandés avec raifon comme la chofe la plus effentielle.

Il n'eft que trop ordinaire aux Laboureurs de fubftituer l'engrais aux labours ; c'eft-à-dire, de répandre trop de fumier & de femence, & de donner à la terre des labours peu profonds. Ils femblent ignorer les avantages de la fréquence de ceux-ci, combien elle s'enrichit lorfque fon fein eft ouvert aux influences de l'atmofphere ; ils ne voient pas que c'eft le moyen de détruire les plantes parafites, tandis que l'abon-

dance du fumier leur donne naiſſance, fait éclorre une légion
d'inſectes deſtructeurs, occaſionne une végétation trop préci-
pitée pour en eſpérer beaucoup de fruit, & rend les tiges ſi
foibles & ſi ſujettes à verſer, que ſouvent la plus belle apparence dans le printems, ne produit à la fin qu'une foible récolte,
& trompe l'eſpoir du Laboureur.

Il eſt aſſez difficile de rendre compte des effets du fumier :
la plupart les attribuent aux parties végétales qu'il contient &
penſent que l'huile & les ſels qui s'y trouvent ſervent de
nourriture aux plantes. Mais comme, diſent-ils, l'engrais ne
peut s'inſinuer dans les pores délicats des racines, qu'auparavant il ſoit réduit en petites parties, ſoit par la fermentation
ou la corruption, il eſt beſoin que l'une & l'autre en s'opé-
rant dans la terre, volatiliſent l'huile & les ſels. Car ſi l'engrais
ſe diviſoit par la fermentation ſans que ſes parties devinſſent
volatiles, elles ſe trouveroient continuellement emportées par
les eaux, & ſeroient d'une foible reſſource pour la nourriture
des plantes ; au lieu que l'huile & les ſels, qui d'abord étoient
fixes, venant à ſe volatiliſer, s'élevent dans l'air & retombant
enſuite, ils bonifient la terre qui venoit d'en être privée. La
corruption, concluent-ils, doit donc être regardée comme
la nourrice de la végétation.

A ce raiſonnement du Docteur Home, on répond par
une objection aſſez forte : nous admettons, lui dit-on, que
le fumier fermente & ſe corrompt dans la terre, & que ſon
huile & ſes ſels ſe volatiliſent ; mais ceux-ci étant extrêmement légers, doivent ſe trouver néceſſairement diſperſés dans
l'air, & ſouvent emportés à une grande diſtance de leur origine : ils ne produiſent donc pas un plus grand bien à la terre

où ils se sont développés, que si le fumier eût été répandu sur une autre.

Il n'est pas douteux que le fumier en fermentant, ouvre & pulvérise la terre, & qu'il ajoute même un nouveau volume à la masse totale ; mais il est incertain s'il produit sur le sol un effet considérable, & la maniere dont il agit est encore un mystere.

Quoi qu'il en soit, dans bien des cas on peut substituer avec avantage les labours aux engrais ; un terrein bien fumé peut donner une récolte abondante, mais elle n'est jamais aussi certaine que celle qu'on obtient avec plus de labours & moins d'engrais. Si l'année est pluvieuse, les grains montent en herbe, & si l'été est très-sec, ils sont exposés à être brûlés ; ensorte qu'au bout de quelques années, en joignant à ces pertes la dépense du fumier, l'on trouvera que le Laboureur qui a donné à ses terres plus de labours & moins d'engrais, est celui qui aura retiré plus de bénéfice.

Tout ce qui vient d'être dit sur le fumier ne concerne que les terres à bled ; il en est tout autrement pour les prairies arti-ficielles, on ne sauroit y répandre trop d'engrais.

SECONDE PARTIE.

ARTICLE PREMIER.

Des Prairies Artificielles.

L'o n diftingue aujourd'hui deux fortes de pâtures, l'une *naturelle*, l'autre *artificielle*; toutes deux font pourtant un préfent de la Divinité; toutes deux viennent naturellement, & elles ne different que par la culture que l'on donne aux unes & qu'on refufe aux autres; or, ne vaudroit-il pas mieux employer une dénomination analogue à cette difference & appeller celles-ci *pâtures naturelles*, & celles-là *pâtures cultivées ?*

C'eft une queftion que je laiffe à juger à ceux à qui il appar-tient de fixer les bornes du langage.

La pâture naturelle eft celle qui croît d'elle-même & fans le fecours de l'homme, ou que l'on feme fans beaucoup de foin dans les champs & d'une maniere qui ne mérite pas le nom de culture.

On entend [au contraire par pâture artificielle ou cultivée, celle qui fe feme dans une terre préparée & qui exige enfuite une culture fuivie, comme le trefle, le fainfoin, la luzerne, la pimprenelle & autres.

On a regardé long-tems ces plantes comme les feules qui puffent convenir à la nourriture des beftiaux, mais l'expérience en a depuis indiqué d'autres qui ne font pas moins importantes, fur-tout pour les moutons. De ce nombre eft la carotte, tel eft auffi le *Turnip* Anglois, gros, verd & rond. Ce navet eft, dit-on, connu en Auvergne & dans le Limoufin, & on l'y donne de même aux moutons. C'eft une racine extrêmement recommandable & qui réunit le double avantage d'engraiffer les beftiaux & de bonifier la terre à laquelle on la confie.

On doit auffi faire le plus grand cas du perfil ordinaire des jardins, lorfqu'on le cultive en plein champ. Il eft excellent pour garantir & même guérir les moutons de la pourriture. Mais tous les avantages des pâtures cultivées fe feront mieux fentir par le détail dans lequel nous allons entrer fur chacune d'elles.

ATICLE II.

Du Burnet ou Pimprenelle.

CETTE plante est originaire d'Angleterre, où depuis quelques années on la cultive pour la nourriture des bestiaux ; elle est de même indigene en France où elle se nomme *pimprenelle*. C'est une herbe potagere toujours verte & haute de quatorze pouces à deux pieds , lorsqu'elle est en fleur. Ses feuilles sont dentelées & crenelées , ses fleurs très-petites , rougeâtres & réunies en une tête ronde ou ovale. A celle-ci succede la graine qui est couverte d'une enveloppe brune , partagée par quatre petites côtes étroites & qui regnent sur toute sa longueur. Dans l'intervalle de ces côtes , l'enveloppe est rude & semée de petites éminences. Lorsqu'on coupe la tête en travers & par le milieu , on découvre dans l'intérieur deux cellules séparées par une membrane très-mince , & dans chaque cellule un grain rond & blanchâtre : mais quelquefois l'un de ces grains & même tous les deux sont imparfaits , ou bien les cellules sont vuides ou la graine ridée.

Il faut douze ou quatorze livres de cette graine pour ensemencer à la main un acre de terre ; mais la meilleure maniere est de la semer par rayes , quatre livres suffisent alors pour la même étendue de terrein. Il en faudroit même beaucoup moins si tous les grains étoient bons ; mais comme nous l'avons dit, une grande partie se trouve défectueuse. Quatre livres donnent environ 35,000 grains. Or , supposé que les deux tiers soient de bonne qualité , c'est plus de cinq par pied

quarré

quarré, & plus qu'il n'en faut pour produire une bonne récolte, cet espace étant suffisant pour une plante.

Il faut semer cette graine par rayes éloignées de dix à douze pouces, & la couvrir d'environ un demi pouce : cette opération peut se faire pendant tout le printems ; mais les mois de Mars & le commencement d'Avril est le tems le plus favorable.

Lorsque les plantes sont devenues assez hautes pour permettre la culture avec la houe, il est tems de les éclaircir. On laisse alors les plus vigoureuses à la distance de quinze pouces l'une de l'autre & l'on coupe les intermédiaires. Il faut avoir grand soin d'extirper toutes les mauvaises herbes & ne point se relâcher pendant l'été, si l'on veut que le terrein soit toujours net. Par cette opération la terre se trouvera plus souvent remuée & la récolte en sera d'autant plus abondante.

Les chevaux, le gros bétail & les moutons aiment tous la pimprenelle ; c'est une fort bonne nourriture pour eux, soit en verd, soit en sec ; mais ses effets ne sont pas les mêmes sur tous les individus. Elle relâche de certains chevaux & a pour les autres une vertu diurétique. Elle est sur-tout excellente pour les vaches, dont elle rend le lait plus abondant & de meilleure qualité ; & quant aux moutons, on est parvenu souvent à les guérir de la pourriture par l'usage de cette plante, laquelle d'ailleurs est un excellent préservatif contre cette maladie.

La pimprenelle considérée comme fourrage, offre au cultivateur une ressource d'autant plus grande, qu'il peut compter sur une récolte sûre & abondante, & qu'après la semaille de la graine il n'aura plus de labours à donner, ni de dépense à faire. C'eft un avantage que cette plante a fur les navets, dont la culture eft plus difpendieufe & dont la récolte incertaine laiffe quelquefois le cultivateur à dépourvu & fort embaraffé pour nourrir fon bétail.

La pimprenelle fe plaît fur-tout dans les terres légeres & qui conviennent au bled farrazin, au fainfoin, & elle vient à merveille dans un fol graveleux, maigre & fablonneux; mais il en eft d'elle comme des autres végétaux, dont la récolte eft toujours proportionnée à la bonté du terrein.

Cette plante n'exige point une terre autrement préparée que pour le navet ou l'orge. Celle qui eft affez labourée pour recevoir toute autre femence, le fera affez pour elle. Il n'eft pas même befoin dans ce premier moment d'aucuns amendemens, mais dans la fuite il ne faut pas lui en refufer. L'engrais doit être léger & réduit en poudre, le tems de le répandre eft au mois de Février; c'eft une premiere dépenfe à faire, mais on ne doit point la regretter, puifqu'il en réfulte la poffibilité d'obtenir deux récoltes en un été.

Il ne faut point attendre pour couper la pimprenelle, qu'elle foit en fleur & encore moins en graine, parce que le fourrage en feroit d'une qualité bien inférieure à celui qu'elle donne quand elle eft en pleine feve, c'eft-à-dire, en Mai ou au commencement de Juin.

On fauche cette plante comme le fainfoin. Si elle eft bien plantée & que la terre foit en bon état, les deux récoltes d'un acre doivent pefer au-delà de 6000 livres; & fi on vouloit en recueillir la graine, on en retireroit quatre-vingt boiffeaux. Celle-ci ne fert pas feulement à enfemencer les champs, on en peut donner aux chevaux; ils la mangent auffi volontiers que de l'avoine , mais elle ne leur donne pas autant d'ardeur.

On peut laisser le gros bétail & les moutons manger la pimprenelle sur pied en tel tems de l'année que ce soit. Ils peuvent marcher dessus impunément & la manger très-près , sans qu'il y ait à craindre qu'ils offensent la racine. Elle résiste au froid, au chaud, à la sécheresse, & est également bonne à manger en hiver comme en été & dans tel tems de l'année que ce puisse être ; elle continue même de pousser en hiver , pendant la gelée & sous la neige , mais moins vîte alors. Elle est donc, dans cette saison, d'une grande ressource pour les bestiaux, & cette faculté la rend extrêmement recommandable ; mais son utilité se fait encore mieux sentir dans la suite, car dans l'hiver le Laboureur à ses amas de foin, de paille, de navets, &c. au lieu qu'au printems pendant les mois de Mars , Avril & partie de Mai, les fourrages sont rares, & l'herbe des champs ne pouvant encore suppléer au défaut des provisions d'hiver lorsqu'elles sont consommées , le Laboureur se trouve quelquefois très-embarassé pour nourrir ses bestiaux. C'est alors que la pimprenelle , qui dans ce moment est dans toute sa vigueur , peut remplir avantageusement ce vuide ; mais pour cela , il ne faut pas y laisser les bestiaux trop avant dans l'automne. Il est même bon de lui laisser le tems de croître au moins de six pouces. Elle passera bien l'hiver en cet état , & non-seulement se conservera dans sa fraîcheur , mais grandira même à proportion de la douceur ou de l'âpreté du tems ; ensorte qu'en Mars ou Avril on se verra en possession d'une très-belle récolte , qui viendra fort à propos pour la nourriture de toute espece de bétail , & dont un bon engrais répandu dans le mois de Janvier ou le commencement de Février ,

contribuera beaucoup à achever la jouiſſance. Le fumier n'eſt
point ce qui convient ici. Un engrais ſec, réduit en poudre &
que la premiere pluie puiſſe introduire & mêler dans la terre,
produira des effets plus prompts & plus ſûrs, & doit par
conſéquent être préféré : les cendres de la tourbe en ſont le meilleur.

Quoique j'aie parlé de faucher la pimprenelle & d'en faire du
fourrage, je ne prétends pas pour cela conſeiller cet uſage ; &
ſelon moi il vaut mieux l'abandonner aux beſtiaux pendant
tout l'été, depuis le mois de Mai ou le commencement de
Juin, juſqu'en Septembre ou Octobre. C'eſt le moyen d'entretenir la vigueur de cette plante, que l'on épuiſe au contraire
en la fauchant, ainſi que la terre à qui on la confie. On la
laiſſe repoſer pendant l'automne pour la mettre en état de ſub-
venir aux beſoins du printems. Elle eſt alors d'une grande
utilité pour les brebis, les agneaux, & en général toute ſorte de
bétail, mais particulierement pour les vaches, qui dans ce tems
ont beſoin de plus de ſoins qu'en tout autre : la pimprenelle leur
plaît beaucoup & augmente la quantité & la qualité de leur lait.

Tels ſont les avantages de cette plante ; mais il eſt bon de
prévenir le cultivateur, que tous les terreins ne lui conviennent
point indiſtinctement, & que dans quelques-uns elle paroît
acquérir une qualité déſagréable aux beſtiaux, qui refuſent
alors d'en manger. La cauſe de cette particularité eſt encore
un myſtere ; mais on peut du moins ſe mettre à l'abri de ces
effets, en en faiſant un petit eſſai dans une portion du champ
que l'on ſe propoſe d'enſemencer, pour s'aſſurer ſi le ſol eſt
convenable ou non : il ne faut pas négliger une épreuve auſſi
aiſée & auſſi peu diſpendieuſe, & l'on doit chercher tous les

moyens poffibles de s'affurer une reffource auffi grande que celle de la pimprenelle, quand elle a les qualités requifes.

Il y a une autre maniere de cultiver la pimprenelle, différente de celle que nous avons indiquée ci-deffus, & plus analogue au fyftême de culture pratiqué généralement par les cultivateurs; c'eft de la femer avec de l'orge ou de l'avoine: de cette maniere elle vient affez bien. Il n'eft pas befoin de la farcler; & c'eft une épargne, mais elle n'eft jamais auffi forte que lorfqu'on la feme feule. Ceux qui veulent juftifier cette méthode de femer le fainfoin & le trefle mêlés enfemble, prétendent qu'elle eft indifpenfable pour les garantir du froid & de l'ardeur du foleil; mais ce raifonnement ne peut s'appliquer à la pimprenelle qui n'a befoin d'aucun abri, & que la nature femble avoir faite à l'épreuve du chaud & du froid, de la féchereffe, & en général de tous les extrêmes. Au refte, ceux qui préféreront cette méthode, pourront auffi femer la pimprenelle avec les mars & même en automne avec les bleds. Mais le printems eft la faifon la plus convenable, & l'on fe trouvera bien de la femer alors avec l'orge ou l'avoine, furtout fi l'on fe fert pour cela d'une charrue à femoir.

Comme la pimprenelle femée à pleine main ne l'eft jamais également, il convient d'enlever le fuperflu des plantes avec une bêche, après la récolte des grains, de maniere qu'il ne refte alors que les plus vigoureufes éloignées l'une de l'autre de quinze pouces en tout fens; car, fi on les laiffe au contraire dans le même état où elles font venues, les unes fort ferrées & les autres ifolées, elles ne donneront jamais des récoltes égales à celles envers lefquelles on ufe de cette précaution; d'autant plus que la pimprenelle eft une plante vivace, qui

réfifte plufieurs années fans avoir befoin d'être renouvellée,
& que par conféquent l'inconvénient dure autant qu'elle.

La graine de cette plante eft fort légere, & fuivant l'é-
preuve que j'en ai faite, un boiffeau & un quart, mefure de
Dieppe, ne pefent qu'environ 24 liv.

Il eft à propos de l'effayer fur une portion du champ que
l'on veut enfemencer, d'abord pour juger de la qualité du
fol, ainfi que nous l'avons dit, & enfuite pour connoître
par poids & mefure ce qu'il en faut pour telle & telle étendue
de terrein.

Je finirai cet Article par obferver que lorfqu'on nourrit le
bétail avec la pimprenelle, la terre fe couvre de l'efpece de
trefle qui croît naturellement, ce qui bonifie la pâture & la
rend très-agréable. Les moutons mangent ce trefle de préférence à la pimprenelle, & ne fe foucient pas beaucoup de celle-
ci dans l'été, quand elle eft dans toute fa force ; mais fur la
fin de cette faifon, ils en mangent volontiers lorfqu'elle a
perdu de fon odeur & de fon goût. Je dois encore obferver
que des moutons qui quitteroient une nourriture douce, telle
que le trefle, ne s'accommoderoient pas de la pimprenelle,
jufqu'à ce qu'en mangeant les bonnes herbes qui croiffent
parmi & rongeant par-ci, par-là, quelques feuilles de cette
plante, ils s'y fuffent infenfiblement accoutumés. A cela
près, j'en ai fait donner pour toute nourriture à un certain nombre de brebis, & pendant deux ans entiers ; elles
en ont mangé volontiers, même pendant l'été. Au furplus,
elle eft d'une grande utilité pour ce bétail, comme nous
l'avons dit ci-devant.

Machine pour hacher la paille

E. Voysard Sculp

ARTICLE III.

De la Luzerne.

L'UTILITÉ de la luzerne eft auffi grande qu'univerfellement reconnue : c'eft ce qui me détermine à entrer à
fon égard dans quelque détail. Tout le monde connoît cette
plante, & l'on eft redevable à MM. de Chateauvieux &
Duhamel d'une très-bonne maniere de la cultiver. Cependant l'expérience m'ayant appris que leur fyftême eft fufceptible de perfection, je vais expofer la méthode que je
fuis.

Je fais choix d'un fol fertile & frais fans être aquatique :
on ne fauroit trop s'attacher à la bonne qualité, parcequ'aucune plante n'eft d'un plus grand rapport.

Je commence par faire donner à la terre plufieurs labours très-profonds, & la purger des mauvaifes herbes ; enfuite je la fais divifer par planches de dix pieds de largeur, relevées en boffe au milieu & fur toute la longueur.
Pour leur donner cette forme convexe, on trace d'abord
un fillon dans le centre, & l'on continue enfuite de labourer en tournant chaque fois autour de ce premier fillon, & verfant toujours la terre vers lui.

Les planches ainfi formées & féparées par des lignes
droites & paralleles, je fais brifer les mottes, s'il s'en trouve,
& paffer fur la terre une herfe légere, en recommandant à
mes gens de ne pas applatir la crête, ni de fermer les ta-
lus.

Au mois d'Avril, ma terre étant bien préparée, je feme la luzerne fur une feule ligne au centre & fommet de chaque planche, & la recouvre d'un bout à l'autre d'un demi pouce de terre : ceci fe fait tout d'un coup au moyen de la charrue à femoir. A défaut, on peut fe fervir de deux pointes de fer fixées à fix pieds de diftance, dans un cadre léger tiré par un cheval qu'on fait marcher dans la raie qui fépare deux planches contiguës, & tracer à la fois au fommet & fur toute la longueur de chacune de ces planches une ligne droite, dans laquelle immédiatement après on répandra la graine, mais en petite quantité, ayant foin de la couvrir auffi-tôt d'un demi pouce de terre, ainfi que je l'ai déjà dit. Il ne faut faire ces fortes d'opérations que fur la quantité de terrain qu'on peut femer dans un jour, & ne jamais le faire que dans des tems fecs, parce que cette graine eft fujette à crever & pourrir quand on la feme par un tems ou dans une terre humide.

Lorfque la luzerne a acquis trois ou quatre pouces de hauteur, il faut farcler autour & l'éclaircir : on arrache les plantes les moins fortes; on ne laiffe que les plus vigoureufes à un pouce & demi de diftance les unes des autres, & l'on remue la terre, en prenant garde de ne pas arracher ni endommager celles que l'on conferve.

Trois femaines après, & même plutôt, fi les plantes ont groffi, & fi les mauvaifes herbes reparoiffent, il faut encore farcler & éclaircir. On conferve de même les plantes les plus vigoureufes, mais on les tient éloignées de trois pouces, & l'on remue encore avec précaution la fuperficie de la terre qui les environne.

Cette

Cette opération doit fe renouveller toútes les trois femaines, fans éclaircir davantage jufqu'à la fin d'Août ou au
commencement de Septembre, que l'on enlevera encore la
moitié des plantes, de maniere que celles qui refteront, fe
trouvent à la diftance de fix pouces l'une de l'autre; &
l'on pourra, fi l'on veut, tranfplanter les autres dans une
terre préparée à cet effet.

L'on continuera de farcler & remuer la terre toutes les
fois qu'il en fera befoin, jufqu'au tems où les têtes des planches fe toucheront; & alors, mais pour la derniere fois, on
arrachera fur toute la ligne de deux plantes l'une, au moyen
de quoi elles fe trouveront définitivement éloignées d'un
pied l'une de l'autre. Si quelqu'une de celles-ci vient à
manquer, il faut en automne ou dans le printems, la rem-
placer par une autre en bon état, à laquelle on coupera la
tête à deux pouces au-deffus de la couronne, & dont on
raccourcira d'un demi pied la racine.

Il y a une autre maniere de femer la luzerne un peu différente de celle-ci, & au moyen de laquelle il eft plus facile
d'avoir d'abord les plantes à la diftance projettée. Au lieu
de faire une traînée fuivie de femence d'un bout à l'autre du
fillon, commencez par mettre quatre ou cinq graines en un
monceau, & couvrez-les d'un demi pouce de terre; puis à la
diftance de fix pouces, femez pareille quantité, & continuez
ainfi fur toute la longueur du fillon; ayez foin d'éclaircir les
plantes deux ou trois fois de la maniere & dans le tems que
j'ai prefcrits, laiffant toujours les plus fortes & les mieux ve-
nantes jufqu'à ce qu'il n'en refte plus qu'une à chaque groupe:
elles fe trouveront alors de cette maniere ifolées fur une même

F

ligne fur la crête du fillon, & à la diftance de fix pouces
l'une de l'autre. Cette méthode épargne beaucoup de femence, & cinq onces fuffifent pour une acre. Après que
tous les groupes font éclaircis, les plantes ifolées font
le produit d'une feule once de femence ; il faut par la fuite
les réduire encore à moitié au tems & de la maniere que je
l'ai indiqué.

Quelques plantes vigoureufes donneront affez de graine de
choix pour enfemencer un acre de terre fuivant cette méthode.

Celle de tranfplanter la luzerne, adoptée & indiquée par
M. de Chateauvieux, peut avoir fes Sectateurs ; mais je fais,
par expérience, qu'il eft poffible de fe procurer tous les avantages qui en réfultent, fans s'expofer aux inconvéniens, aux
travaux & aux dépenfes qui en font la fuite.

Il confeille de tranfplanter la luzerne après avoir coupé le
premier jet que fa racine a pouffé en terre, dans la vue de
l'empêchér de s'alonger, de pénétrer trop avant, & d'atteindre l'eau qui la feroit périr ; mais cette opération eft in-
fuffifante, à moins que l'eau ne foit à une profondeur
peu commune ; car outre ce premier jet, il s'en forme
d'autres enfuite, à mefure que la plante groffit, & ceux-ci pénetrent encore une profondeur confidérable, & atteignent
l'eau dans beaucoup de terres, dont la furface eft la plus
feche.

Les fix pieds d'intervalle que j'exige entre chaque rang de
luzerne, font, à cet égard, d'une très-grande utilité, en ce
que l'on peut, au moyen de l'arare, ouvrir une raie à
côté des plantes & découvrir les racines ; & alors un homme

fuit le laboureur & les coupe avec un couteau tranchant à fix pouces de la tête pour la premiere année. A la feconde, on laboure & l'on coupe de même les nouvelles racines à deux ou trois pouces plus bas; c'eft-à-dire à huit ou neuf pouces de la tête, & on répete la même chofe jufqu'à quatre fois & même plus, fuivant qu'il paroît néceffaire, faifant toujours l'amputation des racines de deux ou trois pouces chaque fois, & ayant foin, après l'opération, de retourner la terre pour les recouvrir. Cette méthode ne fait aucun tort aux plantes & ne retarde point leur progrès : c'eft, au contraire, ce qui arrive lorfqu'on les tranfplante; & de plus, on court rifque de les perdre, fi après la tranfplantation il furvient une féchereffe.

L'inutilité du déplacement me paroît donc démontrée, & je n'infifterai pas davantage fur cet article.

Il faut fouvent labourer les intervalles & les alentours des plantes; ce foin eft très-utile à la luzerne. Il faut auffi tous les ans, au mois de Février, & lorfque la terre eft feche, répandre quelqu'engrais en poudre fur la crête des planches. La fiente de pigeon eft très-bonne pour cet ufage; il en eft de même de la fuie, des cendres diffoutes dans la chaux vive, des coquilles marines réduites en poudre, du tan, de la drage des brafferies & de plufieurs autres engrais employés féparément, ou, ce qui feroit mieux encore, mêlés avec du fel gris, fi cet objet n'étoit pas auffi cher. La premiere ondée de pluie infinue ces engrais fins dans la terre, & ils donnent beaucoup de vigueur à la luzerne. Il feroit bon de les répéter à chaque coupe. Comme ces engrais fe répandent à la main, la dépenfe qui en réfulte eft peu confidérable, & d'ailleurs le bénéfice qu'ils procurent eſt très-grand. Il vaut mieux répandre ſouvent de nouveaux engrais, que d'en mettre trop à la fois, parce que leur trop grande force eſt dangereuſe.

Peut-être des amendemens répétés paroîtront-ils trop diſpendieux; mais il faut conſidérer que cinq ou ſix de ces engrais répandus à la main, ne coûteront guere plus qu'un ordinaire, & donneront un plus grand profit; car non-ſeulement il y a du danger à répandre tout à la fois; mais de plus, il arrive toujours que, long-tems avant les dernieres récoltes, les plantes n'en reſſentent plus aucun bénéfice; au lieu qu'en renouvellant l'engrais à chaque coupe, la terre ſe fertiliſe, & les récoltes ſe ſoutiennent abondantes : voilà pourquoi la luzerne bien ſoignée rapporte plus que celle à laquelle on ne donne ni ces engrais ni ces cultures répétées. Le ſoin que l'on a de remuer, ſarcler & fumer la terre, la fertiliſe tellement, que dès le commencement du printems la luzerne paroît; qu'elle continue à pouſſer fort tard dans l'automne, & que les différentes coupes ſont également abondantes ; & je ne dis rien de trop, en avançant que, par cette méthode, un acre de terre produit ſoixante-quatre mille peſant de luzerne en verd, qui ſe réduiront à ſeize mille lorſqu'elle ſera ſeche.

Les coupes de la premiere année ſeront peu conſidérables ; celles de la ſeconde ſeront bonnes, & celles de la troiſieme & des ſuivantes formeront des récoltes complettes.

Les coupes doivent ſe faire dès que la plante fleurit, & même plutôt, ſi après des tems pluvieux, comme il arrive ſouvent en été, la plante venoit à pouſſer de nouveaux rejettons, qui

arrêtent & deffechent toujours les tiges quelques fortes qu'elles
foient. Ce font ces mêmes rejettons qui font caufe, & la feule
caufe en été, qu'une coupe dégénere tout-à-coup, quoiqu'elle
ait montré la plus belle apparence; auffi un cultivateur doit
avoir attention, après les pluies, d'aller examiner fi la luzerne n'a pas de difpofition à repouffer. En ce cas, que la
coupe *pendante* foit ou ne foit pas prête, il faut la fcier;
je dis fcier au lieu de faucher, parce que n'y ayant qu'une feule
allée de luzerne, il vaut mieux fe fervir d'une faucille que de
la faux.

La luzerne eft excellente pour toutes fortes de beftiaux,
& ils en font tous, en général, très-friands. C'eft la meilleure nourriture pour les chevaux & les mulets; feule fans
avoine, elle les nourrit auffi bien, & leur donne autant de
vigueur que le foin & l'avoine enfemble; elle eft auffi
très-bonne pour les vaches à lait.

Les moutons aiment la luzerne verte ou feche, & elle les
engraiffe beaucoup: j'ai l'expérience qu'ils la mangent de
l'une & l'autre maniere, lors même qu'ils refufent toute
autre efpece de nourriture.

Le meilleur remede contre la pourriture, eft la luzerne
verte, ou humectée avec une faumure nouvelle, lorfqu'elle
eft feche.

Il eft bon de remarquer que cette plante ne fouffre point la
dent du bétail; le gros endommageroit la couronne en mar-
chant deffus, & les moutons la mangeroient. Il faut donc la
couper & la donner à manger aux beftiaux dans l'endroit qui
conviendra le mieux. Il s'en faut bien que ceci foit un défavantage; c'eft, au contraire, un moyen de tirer meilleur parti

de la fiente & de l'urine, qu'une fi bonne nourriture rend plus abondantes. Cet engrais eft d'autant plus précieux, qu'il n'infecte point la terre d'aucunes mauvaifes herbes; & fi l'on a foin de donner aux beftiaux des litieres de fougere, on aura d'excellent fumier, la fougere contenant plus de fel que la plupart des autres végétaux.

J'ai dit que la récolte de la luzerne étoit peu confidérable la premiere année; que les coupes de la feconde étoient avantageufes, & que la troifieme donnoit une récolte complette. Mais pour avoir dès la premiere année un produit qui dédommage le cultivateur ou le fermier du prix de fon bétail, des frais de culture & d'engrais, on peut tirer parti des intervalles dont j'ai parlé, & les employer utilement, ainfi que je le démontrerai ci-après.

J'ai auffi obfervé que la terre qui environne les plantes doit être remuée pour la derniere fois dans l'automne, après que les coupes font faites, & qu'au mois de Février, il faut lui donner un engrais, pour déterminer les plantes à pouffer de bonne-heure. J'ajoute que dans le mois d'Avril ou Mai de la feconde année, dès que la plante fera à une certaine hauteur, il faut, fans attendre qu'elle foit en fleur, la couper & en donner tous les jours aux beftiaux, en fe réglant fur le nombre qu'on en a à nourrir, & la quantité qu'on en veut donner à chacun, de maniere qu'ils la mangent dans le meilleur état poffible.

On doit pourtant bien fe garder de donner la luzerne aux bœufs, vaches & moutons, immédiatement après qu'elle eft coupée, car elle les gonfleroit à un point qu'ils feroient en danger de périr; mais en attendant un jour après qu'elle a été coupée, il n'y a plus aucun rifque.

La récolte de la troifieme année fera fort abondante ; le feuillage des plantes fe touchera, & peut-être même dès la feconde. Si cela arrivoit, comme elles feroient alors à fix pouces de diftance, il faudroit en arracher de deux l'une, immédiatement après la derniere coupe de l'année, afin que celles qui refteroient euffent un efpace fuffifant pour s'étendre : elles feroient alors éloignées d'un pied chaque, & c'eft la derniere fois qu'on les éclaircit, ainfi que je l'ai déjà obfervé.

En fuppofant, comme je l'ai fait, que les tiges des plantes auront acquis au bout de deux ans fix pouces de diametre, & qu'elles ne fe toucheront qu'à la troifieme, je n'ai voulu parler que de ce qui arrive dans les terres ordinaires, & où l'on n'a donné à ces plantes, ni la culture que je recommande, ni l'efpace néceffaire pour s'étendre. Mais fi l'on s'eft conduit de la maniere que j'ai indiquée, leurs têtes fe toucheront indubitablement dès la feconde année. Lors de cette jonction, elles feront larges d'un pied ; c'eft le dernier période de leur croiffance, & les récoltes qu'elles donnent alors font complettes.

Chaque fois que l'on remue la terre, il faut aller jufqu'à la plante ; mais la derniere fois, c'eft-à-dire, aux approches de l'hiver, on doit s'en écarter de trois pouces de chaque côté, & laiffer cette partie de terre en friche pendant cette faifon. Ces trois pouces fuffiront pour défendre ces racines contre la gelée. De cette maniere, il reftera entre chaque ligne de plantes de luzerne, un terrain d'environ cinq pieds de largeur fur toute la longueur des plantes. C'eft dans ce terrain que l'on fera les plantations dont je parlerai bientôt.

La feconde & la troifieme coupe de luzerne, je veux dire celles qui fe font depuis le mois de Juin jufqu'à la fin d'Août, font préférables aux autres pour en faire du fourrage. Quand la luzerne eft coupée, il ne faut pas la laiffer fécher fur place, mais la porter dans quelque prairie voifine, après quoi la ferrer dans un grenier ou quelqu'autre lieu fec & airé : on peut auffi la mettre en petits tas formés alternativement d'une couche de paille & d'une autre de luzerne. De cette derniere façon, fût-elle ferrée, verte ou humide, elle fécheroit bien, & tranfmettroit en féchant fon odeur à la paille, qui n'en feroit que plus agréable au bétail, & particuliérement aux chevaux.

Je paffe maintenant à l'emploi des cinq pieds de terrain qui reftent entre chaque ligne de luzerne.

Ce terrain que je fuppofe avoir été bien remué, fervira d'abord à y planter un rang de pommes de terre entre chaque allée de luzerne. On fumera la terre deftinée aux pommes de terre, & l'on mêlera bien le fumier avec la terre, au moyen de la charrue & de la herfe.

La plantation des pommes de terre doit fe faire immédiatement après la femence de la luzerne, c'eft-à-dire au commencement d'Avril, & même en Mars avant la luzerne, fi la terre étoit prête, cette faifon leur convenant le mieux.

Il faut choifir les plus faines & les plus grandes, ne pas les planter entieres, mais coupées par morceaux, dont chacun ait un ou deux yeux, & les mettre au milieu de la raie, éloignées environ de quinze pouces, & à cinq de profondeur.

Si les mauvaifes herbes paroiffent avant que les pommes
de

de terre foient élevées de deux pouces, il faut les couper
avec une houe, enfuite dégarnir à deux pouces de diftance un
côté de la terre avec la charrue, puis le recouvrir auffi-tôt en
la retournant; l'on dégarnit & l'on recouvre de même l'autre
côté, & l'on répete cette opération au bout d'un mois; mais
en s'éloignant davantage des pommes de terres, & obfervant toujours de finir par renverfer toute la terre de leur
côté. Après ce tems, il ne fera plus poffible d'y paffer la
charrue; mais s'il venoit encore de mauvaifes herbes, il
faudroit les couper, ou les arracher fans leur donner le
tems de grandir, & encore moins de monter en graine.

C'eft un principe conftant en agriculture, qu'il faut labourer la terre dans des tems fecs; c'eft le moyen de la
rendre meuble; & fi l'on eft forcé de s'écarter de cette
regle dans les années pluvieufes, il faut, dans les autres,
l'obferver ftrictement. On vient plus aifément à bout de
de détruire les mauvaifes herbes par des labours donnés par
un tems fec, que dans des tems humides, & les plantes
s'en trouvent mieux : c'eft ce que l'expérience démontre
tous les jours.

Au mois d'Août, ou au commencement de Septembre,
on peut recueillir les pommes de terre : on renverfe la terre
en paffant la charrue fur un des côtés, & des enfans ou
des femmes les ramaffent alors en remuant la terre; enfuite
on paffe la herfe deffus, ce qui en fait découvrir encore,
après quoi on la renverfe avec la charrue en fens contraire; &
l'on ramaffe tout ce qui paroît : enfin on paffe encore la herfe,
& de cette maniere on a tout ce qui pouvoit refter. Mais

G

comme par cette opération on a détruit les pentes des planches,
il faut les rétablir ainfi que la ligne de féparation.

On peut compter fur la récolte de deux cens boifleaux
de pommes de terre par acre, lefquels à 40 fols le boiffeau feront 400 livres; fur ce produit le cultivateur trouvera non-feulement de quoi payer le loyer de fa terre & fe rem-
bourfer de fes frais de culture, mais il lui reftera encore un
bénéfice net confidérable.

Immédiatement après avoir récolté les pommes de terre,
bien labouré & fumé la place qu'elles occupoient, on pourra
planter fur la même ligne & entre les deux de luzerne, des
choux verds & frifés de Savoie, qu'on aura femés fur couche
ou autrement dans la premiere ou feconde femaine du mois
de Mai, on fera choix des plus forts de ces plantes, & on les
plantera à dix-huit pouces de diftance l'un de l'autre. Environ
trois femaines après, on donnera un labour aux intervalles
d'un côté feulement, & non tous les deux; puis au bout de
quinze jours on opérera de même par l'autre côté, après
avoir renverfé la terre du premier en fens contraire; tous
deux fe trouveront ainfi dégarnis alternativement tous les
quinze jours; mais il ne faudroit pas qu'ils le fuffent à la
fois, parce qu'alors les plantes n'ayant plus aucun foutien,
feroient fujettes à être renverfées, & même déracinées.

Tant qu'il y aura affez d'efpace entre la ligne de luzerne
& celle des choux pour labourer avec la charrue, on s'en
fervira pour remuer la terre, après quoi on fe contèntera
de le faire avec une houe, pour détruire & enlever les mauvaifes herbes.

Les choux commenceront à pommer en Décembre, &
continueront jusqu'à la fin de Février. On ne doit plus les
laisser alors, parce qu'il est tems de préparer la terre, comme
la premiere, fois pour y semer encore des pommes de terre
au commencement de Mars. Plutôt celles-ci seront plantées,
& plutôt on pourra les récolter en Juillet ou Août ; époque
d'une nouvelle plantation de choux.

Tel est l'ordre à suivre tant que la luzerne existera. On
pourrait, à la vérité, laisser plus long-tems les pommes de
terre sans les lever, elles grandiroient encore jusqu'à la chûte
de leurs feuilles ; mais une succession de récolte est généralement préférable.

Le nombre des choux plantés ainsi, à la distance de dix-huit
pouces, sera, par acre de terre, de quatre mille huit cens quarante, qui, vendus à un sol piece, donneroient deux cens quarante-deux livres. Cette espece de choux cultivé, comme nous
venons de le dire, pese vingt livres la piece ; ainsi en les esti-
mant à un sol piece, c'est les mettre à bon marché. La plus grande partie de cette somme de deux cens quarante-deux livres, est
en pur bénéfice, & indépendant de celui des pommes de terre
& de la luzerne.

Chaque fois qu'on fera la récolte des choux & des pommes
de terre, il faudra donner un labour très-profond à la terre
pour la rendre bien meuble ; c'est le moyen de la fertiliser &
de bonifier la luzerne, sur-tout en redoublant le labour le
plus près de la plante qu'il est possible. Ceci est également
avantageux pour la terre & pour les plantes, dont la che-
velure des racines pénetrera aussi loin que la terre n'est
pas trop dure à percer, & retire de-là un surcroît de nourriture.

G ij

Un libre efpace pour s'étendre, & une bonne culture, produifent fur les plantes un effet très-fenfible dans leur accroiffement, leur taille & leur groffeur, dans la force de leur racine & de leur tige, & enfin dans l'abondance & la bonté des graines.

Le froment & l'orge donnent ordinairement deux ou trois tiges ; mais dans une terre bien remuée & bien farclée, ils en donnent jufqu'à cinq fois plus. J'ai vu dans un jardin un grain d'orge donner plus de foixante-dix épis, & M. Duhamel rapporte que, faifant avec quelques amis des expériences fur la culture du bled, un fermier de fes voifins remarqua qu'ils fondoient leur principal efpoir de réuffite fur le genre de culture qu'ils donnoient à chaque plante, & que voulant approfondir les avantages de leur méthode, il mit un grain d'orge à la place d'un fep de vigne qui venoit de mourir, & donna à la plante tout l'efpace & la culture néceffaire ; le fuccès furpaffa fon attente, & le grain produifit deux cens épis, dont il forma une petite gerbe qu'il préfenta à M. Duhamel.

Revenons à la luzerne & aux choux.

Un cheval de trait mangera par jour quatre-vingt-dix livres de luzerne verte ; cela fait en trente jours deux mille fept cens livres : ainfi un acre de terre fuffira pour la nourriture de cinq chevaux pendant vingt-trois femaines.

Une vache mangera en vingt-quatre heures quatre-vingtquatre livres de luzerne verte, cela fait deux mille cinq cens vingt livres pour trente jours ; un acre fuffira donc pour nourrir cinq vaches pendant vingt-quatre femaines.

J'eftime le poids des choux récoltés dans les intervalles

des planches de luzerne à environ cent mille livres ; une
vache peut en manger cent quatre-vingt-dix livres en vingt-
quatre-heures , ce qui feroit pour trente jours cinq mille sept
cens livres ; ainsi l'on aura sur un acre de quoi nourrir cinq
vaches pendant dix-sept semaines.

A l'exception de onze semaines , ces cinq vaches trouveront
de quoi se nourrir pendant un an avec la luzerne & les choux.
Mais lorsqu'on leur donne des choux, il faut avoir attention
d'en ôter toutes les feuilles jaunâtres, ou pourries ; autrement
leur lait aura un mauvais goût : il seroit bon d'ajouter à cette
nourriture tous les vingt-quatre heures cinq ou six livres de
foin.

Un grand mouton , supposé peser quatre-vingt à cent livres ,
mange un peu plus de six livres de luzerne en vingt-quatre
heures ; cela fait cent quatre-vingt livres & plus pour trente
jours. Un acre nourrira donc pendant vingt semaines soixante-
seize de ces grands moutons. Un seul mange quinze livres
de choux en vingt-quatre heures , c'est quatre cens cinquante
livres pour trente jours ; ainsi notre récolte de choux ne suffi-
roit qu'à cinquante-trois moutons pendant vingt semaines.
Mais avec une pareille nourriture , les moutons comme les
vaches engraissent beaucoup ; il en sera de même des plus
grands bœufs, en leur donnant la même ration que nous
avons exigée pour les vaches. Dix-huit semaines seront suffi-
santes pour engraisser ceux-ci , & au bout de vingt ils le seront extraordinairement. Néanmoins il sera bon de donner
aux moutons un peu de foin avec les choux , comme je l'ai
conseillé pour les vaches.

Il est impossible de déterminer précisément la quantité de

nourriture néceſſaire pour engraiſſer le bétail. Tous les animaux de même eſpece, de même force, & de même poids,
ne mangent pas également; mais en général, ils mangent
moins en meſure qu'ils engraiſſent.

Une choſe très-remarquable, c'eſt que, toute proportion
gardée, il faut beaucoup moins de cette eſpece de nourriture
pour engraiſſer les moutons que les bœufs. Ceci eſt d'autant
plus important, que le mouton ſe vend en général auſſi cher
que le bœuf; & que cependant il paroît que la livre de
mouton ne revient qu'à moitié du prix de l'autre, en les
ſuppoſant tous deux également gras.

C'eſt une obſervation qui ne doit point échapper à ceux
qui entreprennent d'élever & engraiſſer des beſtiaux.

ARTICLE IV.

Du Sainfoin.

L'On conçoit mieux en France l'utilité de cette plante, que la véritable maniere de la cultiver. La faculté qu'elle a de réfifter indifféremment au froid comme au chaud, pourvu qu'elle foit dans un terrein fec, lui donne un très-grand mérite ; & quoique fouvent on la feme dans un fol maigre, elle ne laiffe pas de donner de fort bonnes récoltes & de s'élever à près de deux pieds de hauteur : mais lorfqu'on la cultive avec la houe, elle monte jufqu'à quatre & cinq pieds, donne des récoltes beaucoup plus abondantes qu'elle ne fait fur le même fol quand on la cultive à la maniere ordinaire.

Le fainfoin demande une terre feche & qui ne foit point fpongieufe ; car quand une fois fes racines atteignent l'eau, il fouffre & dépérit, quelque qualité que le fol ait d'ailleurs. On choifit en général un terrein marneux, ou qui tienne de la nature de l'ardoife, parce que l'eau n'y féjourne pas, & qu'étant plus léger, les groffes racines ont plus de facilité à pénétrer jufqu'au marne qui les arrête alors. C'eft ce qui a fait dire que le fainfoin ne réuffit pas dans les terres profondes, parce qu'il s'y épuife en racines. Mais c'eft un préjugé contraire aux principes de la végétation, puifqu'il eft de fait que les plantes prenant leur nourriture par les racines, elles deviennent plus fortes & plus vigoureufes, en raifon de la qualité & de l'expanfion de celles-ci. Le fainfoin vient très-bien dans un terrein profond où fes racines peuvent s'étendre librement. Il y donne de très-grandes récoltes, & qui ne le cedent qu'à la feule luzerne ; & s'il n'eft point planté de maniere que les racines foient trop près les unes des autres, il n'exige qu'un peu de foin pour le conferver toujours dans fa beauté.

On feme ordinairement le fainfoin à pleine main & mêlé avec l'orge ou l'avoine. Mais il vaut mieux le femer feul, parce que dans le premier cas, lorfqu'il arrive que l'orge ou l'avoine font verfés, le fainfoin court le rifque d'être étouffé. Je confeillerois à ceux qui fement à pleine main, de nettoyer la terre, de la rendre très-meuble, & de choifir, pour la femaille, un tems fec dans les premiers jours de Mars. Trois boiffeaux de graine fuffifent pour enfemencer un acre. Si la terre eft meuble & bien feche, il ne fera befoin pour la couvrir que de paffer la herfe par deffus ; mais comme elle eft très-légere, la plus grande difficulté confifte à ne la couvrir ni trop, ni trop peu ; car d'un côté il eft à craindre qu'elle ne s'infinue pas dans les traces qui forment les pointes d'une herfe légere, & fi d'un autre côté celle-ci eft trop pefante, la graine fe trouve enfevelie & hors d'état de percer la terre, ou lorfqu'elle y paroît, la tige trop foible fe montre en forme d'anneau & la plante périt. C'eft ce qui arrive ordinairement lorfque la femence eft couverte de plus d'un pouce de terre. La graine du fainfoin eft d'ailleurs fufceptible de plufieurs défauts, & il eft prudent d'en femer pour effai avant de s'en fervir pour enfemencer un champ.

Si habile que foit un femeur, il eft impoffible qu'il feme également le fainfoin ; c'eft pourquoi il devient néceffaire de l'éclaircir avec la houe, obfervant de laiffer les plus fortes

plantes

plantes éloignées de huit à dix pouces en tout sens. On coupe les autres sous terre avec une houe bien tranchante, & l'on attend pour cette opération, qu'elles soient parvenues à cinq ou six pouces de hauteur ; mais il ne faut pas différer plus long-tems, car alors elles auroient trop de force & produiroient de nouveaux rejettons.

Comme le sainfoin cultivé de cette maniere est supposé avoir été semé dans une terre maigre & légere, il sera à propos d'y répandre quelqu'engrais. Une récolte plus abondante dédommagera de cette dépense avec usure. Les engrais en poudre, tels que la suie, &c. sont les plus convenables. Il faut les répandre au premier jour de beau tems, dans le mois de Février & recommencer chaque année.

On ne doit permettre à aucun bétail de paître à même le sainfoin, pendant au moins un an. Les moutons, sur-tout, aiment beaucoup les nouvelles feuilles qui poussent au printems & ils les mangent à mesure qu'elles paroissent, ce qui fait périr la plante. Ce n'est qu'à la seconde année, & lorsque le tems est sec, qu'on peut y laisser paître le bétail ; mais il faut attendre l'automne avant d'y souffrir les moutons & avoir soin de ne pas les y laisser trop long-tems chaque fois.

Quoique cette maniere de cultiver le sainfoin soit beaucoup supérieure à la méthode ordinaire, je suis bien éloigné de la regarder comme la meilleure & je n'en parle ici que pour condescendre à l'usage des Fermiers. Je leur recommande sur-tout d'éclaircir les plantes & de laisser à égale distance les unes des autres, celles qu'ils conserveront. Ils auroient tort de s'effrayer d'un surcroît de dépense qui en réfultera pour eux , parce qu'affurément ils en retireront des avantages très-confidérables & bien fupérieurs à ceux qu'ils peuvent efpérer de la méthode ordinaire.

Le fainfoin cultivé de cette maniere donne un profit confidérable , mais beaucoup moindre que lorfqu'on le plante réguliérement. Il n'eft pas à propos de le femer par fillons comme la luzerne , ce qui ôteroit la facilité d'en faire du fourrage. Il vaut mieux le femer avec la charrue à femoir & y procéder d'après la méthode fuivante.

Choififfez une terre bonne & profonde , les produits qu'elle donnera feront proportionnés à fa qualité , & le fainfoin y rapportera plus que ne feroit toute autre graine dans le meilleur fol & avec la meilleure culture. Donnez un labour profond & faites que la terre foit bien meuble , puis vous étant affuré de bonne graine , femez avec la charrue à femoir fur deux rangs éloignés d'un pied l'un de l'autre ; recommencez enfuite à la diftance de deux pieds & demi , un autre double rang pareil au premier , & continuez de même fur toute la furface du champ. Lorfque les plantes ont acquis cinq ou fix pouces de hauteur , il eft tems de les éclaircir avec une houe étroite & tranchante ; celles qui reftent doivent être éloignées de fix pouces les unes des autres dans chaque rang , ce qui donnera environ neuf plantes par trois pieds quarrés. Il ne faut qu'environ un boiffeau de graine femée de cette maniere pour enfemencer un acre , il en faudroit même moins fans les vers qui fe trouvent quelquefois dans les feuilles féminales , & qui en les mangeant font mourir la plante.

Pour détruire les mauvaifes herbes qui croiffent pendant

l'été, on fe fert de la houe dans les intervalles de douze pouces & de l'arare dans ceux qui fe trouvent entre les doubles rangs affez larges pour recevoir deux petits fillons, au moyen defquels moitié de la terre fe trouve renverfée vers les plantes, & moitié vers l'intervalle. On peut cependant fe contenter d'un feul fillon profond; alors on renverfe toute la terre vers l'un des doubles rangs, & la premiere fois qu'on recommence l'opération, l'on a foin de la renverfer du côté oppofé. De cette maniere on peut enfoncer le foc de l'arare beaucoup plus qu'il ne conviendroit de le faire en traçant deux fillons, & c'eft un très-grand avantage; parce que plus la terre eft remuée profondément, & plus les plantes profperent. Il faut fur-tout prendre garde de ne point jetter la terre fur celles-ci lorfqu'elles font encore jeunes. Débarraffées des mauvaifes herbes qui les étoufferoient & libres d'étendre leurs racines dans une terre meuble, l'on conçoit à quel point elles doivent profiter. On peut cependant leur procurer encore plus de vigueur, en répandant à chaque printems quelqu'engrais dans le genre de ceux que nous avons indiqués : le produit d'une feule plante de fainfoin, cultivée comme il faut, pefera une demi-livre, & en fuivant la méthode précédente il n'eft pas rare de recueillir à la feconde ou troifieme coupe, fix mille pefant de fourage par acre.

Au moyen de quelque changement dans la difpofition des rangs, l'on peut encore fimplifier la culture du fainfoin. Après avoir préparé la terre, on feme la graine par rangs éloignés de deux pieds l'un de l'autre, on emploie de même un boiffeau de graine par acre, & lorfque les plantes ont

acquis quelques pouces de hauteur , on les éclaircit en coupant à une certaine profondeur & avec une houe très-étroite
& bien tranchante , celles que l'on veut fupprimer , & ne
laiffant que les plus fortes à quatre ou cinq pouces de diftance.
Il faut prendre garde dans cette opération d'offenfer les
plantes qui reftent. Elles auront alors une place fuffifante
pour étendre leurs racines , & fi l'on a foin de cultiver à
la main les intervalles avec une houe ordinaire & d'y répandre quelqu'engrais , on aura des récoltes très-abondantes.

En parlant ici de la quantité de graine qu'il fuffiroit d'employer , j'ai fuppofé qu'on la femeroit avec une charrue à
femoir. Ceux qui n'auroient point un pareil inftrument ,
peuvent à fon défaut employer le moyen indiqué ci-devant à
l'article de la luzerne.

Le tems propre à couper le fainfoin , foit qu'on veuille
le garder pour fourrage , foit qu'on veuille le donner vert
aux beftiaux , eft lorfqu'il eft en pleine féve , c'eft-à-dire
peu de tems avant la fleur ; il eft alors dans fa maturité.

Les brins du fainfoin étant gros ne fe taffent pas comme
le foin ordinaire & ils fechent plus facilement , au moyen
de la plus grande facilité avec laquelle l'air s'y infinue.
Lorfque le tems eft beau , on le laiffe étendu par bandes ou
ondins jufqu'à ce que la furface foit feche ; ce n'eft qu'alors
qu'on le retourne pour laiffer l'autre côté fecher de même ;
& quand il eft parvenu à ce point on le met en moulons ,
que l'on couvre auffi-tôt avec du chaume , obfervant de
laiffer feulement au milieu un certain efpace propre à faciliter
l'évaporation de l'humidité qui peut refter , & par la fuite
on couvre cette efpace de la même maniere.

ELEVATION DE LA MULE

PLAN DE LA MULE

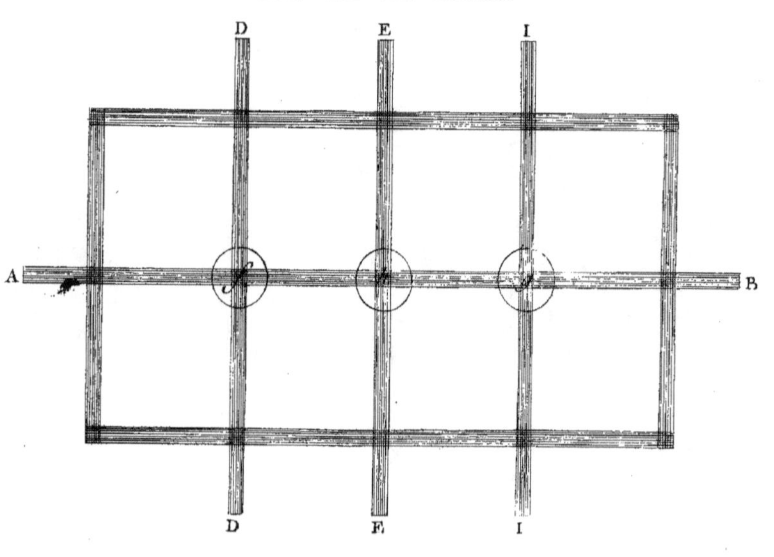

P. Voysard sculp.

Il n'eft point de meilleur moyen de conferver le fourrage
que de le mettre en moulons, ou en meule ; & cependant
à peine eft-il pratiqué ou même connu en Normandie.
Voici la méthode que je confeille à ceux qui auroient beaucoup de fainfoin à conferver.

Choififfez un terrein élevé où l'eau ne féjourne pas après
une forte pluie ; tracez-y le plan d'un moulon de forme
oblongue, comme de trente-fix pieds de longueur fur quinze
de large ; creufez dans le milieu & fur la longueur A B,
planche trois figure premiere une rigole large de huit à dix
pouces fur dix à douze de profondeur. Que celle-ci foit
traverfée à angle droit par plufieurs autres DD, EE, II, de
pareille largeur & profondeur, & que toutes excedent d'environ un pied & demi, ou deux pieds, les extrémités de la
meule. Lorfque toute la terre eft ôtée, pofez en travers une
quantité fuffifante de fortes pieces de bois peu éloignées les unes
des autres, & formez enfuite la baze de la meule avec des
fagots, des branches, &c. excepté aux endroits où les rigoles
fe croifent, & élevez la affez pour que dans tous les tems
le pied de la meule ou du moulon foit toujours très-fec.

Lorfqu'il eft queftion d'empiler le foin, on place fur les
endroits où les rigoles fe croifent, de grandes corbeilles, F,
G, H, que l'on monte à mefure que la meule s'éleve &
jufqu'à ce qu'elle ait atteint la hauteur convenable ; de cette
maniere il refte fur chaque croix une efpece d'entonnoir
ouvert du haut en bas, par lequel l'air s'infinue, circule &
entretient une fraîcheur falutaire dans la meule. Ces entonnoirs
doivent être placés à diftances égales, foit entr'eux, foit
des extrémités, foit des côtés de la meule. Ainfi les enton-

noirs F & G, font également éloignés des extrémités A, B. Avec ces précautions, non-feulement le fourrage fe conferve fain & frais ; mais lors même qu'il a été empilé avant d'être entiérement fait, il peut fe garder fans crainte qu'il s'échauffe ou qu'il prenne en feu ; ce qui, autrement, auroit pu arriver. Sans les entonnoirs le moindre rifque que l'on court, eft qu'il fe gâte entiérement, & c'eft ce qui m'eft arrivé plufieurs fois. Lorfque le fainfoin n'a plus d'humidité, c'eft-à-dire quand il a bien refué, on ferme les entonnoirs, on les couvre de chaume & l'on bouche l'ouverture des rigoles.

Si après que le fainfoin eft coupé, il furvenoit de la pluie & qu'il vînt à noircir, il faudroit femer deffus, à mefure qu'on l'empile, une petite quantité de fel propor- tionnée au dommage ; un demi boiffeau fuffit pour conferver parfaitement deux mille livres de fainfoin. Il devient alors très-falutaire & très-agréable au bétail de toute efpece.

C'eft ici le lieu d'un prétendu inconvénient que bien des gens attribuent à la luzerne & au fainfoin, dont les brins les plus forts font fujets, difent-ils, à être durs & creux ; ce qui rend les plantes de plus petites efpeces préférables à celles-ci. Les chevaux & le bétail en général font affurément les meilleurs juges en fourrage, & lorfqu'on les voit le refufer, on doit en conclure, ou qu'il ne convient pas à leur efpece, ou qu'il eft mal conditionné. Dans le cas dont il s'agit, c'eft à ce dernier défaut qu'il faut attribuer la dureté des brins, & ce n'eft jamais que lorfque le fainfoin étoit trop mûr quand on l'a coupé, que le bétail ne s'en foucie point : fi au contraire on s'y prend dans le tems où il eft en pleine féve & qu'on le conferve ainfi que nous l'avons indiqué, les brins les plus forts feront tendres & friables, & de même ceux de la plus petite efpece feront toujours durs, quoique petits, fi pour les couper on attend qu'ils foient trop mûrs. Ces prétendus défauts proviennent de ce que l'on fanne rarement dans le tems convenable, & que les fermiers préferent en général de facrifier la bonté de leurs fourrages à l'abondance des coupes, & ne fuivent guere pour l'époque de la fenaifon d'autres regles que celles que l'ufage ou les préjugés ont fouvent introduites.

Le tems propre à la coupe du fainfoin eft depuis la fin d'Avril ou le commencement de Mai, jufqu'à la premiere ou la feconde femaine d'Octobre, ce qui fait environ fix mois, pendant lefquels fur une bonne terre cultivée de la maniere précédente on doit faire trois coupes pefantes en vert environ foixante mille livres, & qui fe réduifent à quatorze ou feize mille livres lorfqu'elles font feches.

Cette plante eft d'une reffource infinie pour ceux qui n'ont que des terres médiocres, puifqu'avec elle ils peuvent engraiffer des moutons & toute efpece de bétail fur la même métairie, qui auparavant produifoit à peine une pâture paffable. Elle n'eft pas moins profitable pour ceux dont les terres étant très-élevées font toujours feches & de peu de rapport ; au lieu qu'avec du fainfoin bien cultivé elles deviennent pour ainfi dire auffi riches que les terres baffes dans des tems de féchereffe, & les furpaffent même dans des faifons humides.

Après la derniere coupe de fainfoin on y peut laiffer les moutons & le grand bétail, quand la terre eft feche ; mais il faut avoir foin que cela n'arrive pas après la fin d'Octobre

Quant à la maniere de nourrir & d'engraiffer les beftiaux avec le fainfoin, il faut fe conformer à ce qui a été prefcrit ci-devant au chapitre de la luzerne.

Comme il eft très-facile de fe procurer la graine de fainfoin, il fera plus avantageux d'en acheter la quantité néceffaire, que de la garder à deffein de la recueillir ; il n'y auroit point d'avantage à cela pour les Fermiers de Normandie. Toute inftruction fur ce fujet feroit donc inutile, & je m'en abftiens.

ARTICLE

ARTICLE V.

Du Navet ou Turnep.

IL y a plusieurs sortes de navets; mais ceux dont on retire le plus de profit, relativement à la nourriture des bestiaux, & qui sont les seuls que nous ayons en vue dans cet Ouvrage, sont le navet à la tête rouge ou pourprée, & le navet à tête verte. Leurs racines sont fort grosses, mais celles de la derniere espece se conservent le plus long-tems, & sont en cela préférables aux autres qui deviennent bien plutôt ligneuses. Le navet à tête verte croît au-dessus de la terre plus qu'aucune autre espece, & cela est avantageux pour la nourriture du bétail. C'est aussi le plus doux & le meilleur au goût; mais aussi il résiste moins au froid que les autres especes qui restent plus long-tems sous terre : dans l'hiver, il souffre beaucoup lorsqu'il n'est point couvert de neige; & comme alors il gele & dégele fréquemment, il est plus sujet à pourrir que d'autres moins tendres & moins délicats.

Le navet demande un sol sablonneux & léger. Les terres fortes ne lui conviennent point, & bientôt il devient âcre & visqueux : mais il se plaît beaucoup, pendant l'été, dans un terrein humide & sur-tout neuf; il y est toujours meilleur que dans une terre grasse & usée.

Le tems le plus propre à semer les navets, est depuis le commencement de Juin jusqu'au milieu du mois d'Août, & même un peu plus tard. Cependant il n'est pas à propos d'attendre beaucoup plus, parce que si l'automne n'étoit pas favorable, ils n'auroient pas le tems d'atteindre à une groffeur paffable auparavant l'hiver. Il en feroit de même de ceux qu'on auroit femés après le mois de Juillet; & à moins que les gelées ne fe fiffent fentir que très-tard dans l'automne, ils ne deviendroient pas forts.

Cette racine confidérée relativement à l'agriculture, eft d'une utilité très-étendue; & en Angleterre, elle a beaucoup contribué à l'amélioration des terrains fablonneux & déferts, fur-tout dans la Province de Norfolk, où un grand nombre de ménagers font parvenus à doubler leur revenu par la culture des navets appropriée à la nourriture des moutons, & même des bœufs.

La terre que l'on deftine aux navets doit être labourée dans le mois d'Avril, & une feconde fois en Mai. Il faut la herfer deux fois & la rendre très-meuble. La graine doit être fort clair femée. Deux livres font plus que fuffifantes pour un acre. Une livre eft la quantité qu'on emploie d'ordinaire.

Auffi-tôt que la terre eft enfemencée, on paffe par-deffus une herfe dont les dents doivent être courtes; & l'on fe fert enfuite d'un rouleau de bois pour caffer les mottes de terre & unir la furface du champ. Au bout de huit à dix jours, & même plutôt, fuivant que le tems a été plus ou moins humide, la graine commence à lever; c'eft alors que la féchereffe & les ravages des mouches font à craindre. Lorfqu'un champ en eft attaqué, on feroit fouvent forcé de femer de nouveau; mais la graine ne coûtant pas cher, la plus grand dépenfe eft dans l'apprêt de la terre qu'il faut encore herfer, fur-tout fi le terrain eft naturellement dur & compacte.

Lorfque la plante a quatre ou cinq feuilles, il faut farcler, remuer la terre, pour detruire les mauvaifes herbes & éclaircir les endroits où la graine auroit été trop abondante, de ma-niere que les plantes reftantes foient réciproquement éloignées de fix à huit pouces en tout fens; un tems fec eft le meilleur pour cela, parce qu'alors les mauvaifes herbes ne font pas auffi fujettes à repouffer. Cette diftance fera alors fuffifante, & il faut feulement avoir foin de ne pas attendre trop long-tems pour cette opération; car plutôt elle eft faite, mieux les plantes profitent. Mais la feconde fois que l'on farcle (& ce doit être un mois après), il faut les éclaircir affez pour qu'elles foient à quatorze ou feize pouces de diftance l'une de l'autre, & même plus, fur-tout lorfqu'on fe propofe d'y mettre paître le bétail. Quand on donne ainfi un efpace un peu confidérable aux plantes, les racines groffiffent à propor-tion, pourvu toutefois que le terrain foit bon; enforte que l'on gagne en volume ce que l'on perd en quantité. Tout le foin qu'exige la culture des navets fe borne-là. Au lieu de far-cler ainfi la premiere fois, **M. Duhamel** confeille, comme la maniere la plus expéditive & la moins coûteufe pour éclair-cir les plantes, de donner à la terre un léger labour avec une charrue fans oreille.

En Octobre, ils auront acquis toute leur groffeur, on pourra les lever avant les grands froids, & en donner les feuilles à manger au bétail; on les empile alors dans un endroit fec & fur des claies, obfervant de couvrir chaque lit avec du fable. De cette maniere, ils fe confervent très-bien, & font pour les beftiaux une excellente nourriture d'hiver; mais il arrive fouvent qu'on les leur donne à manger fur le champ, & voici quelques précautions qu'on doit prendre en pareil cas.

Il ne faut point laiffer un troupeau de moutons paître à l'aventure dans un champ de navets un peu étendu; car en quinze jours de tems, il en gâteroit plus qu'il n'auroit confommé pendant le cours entier d'un hiver. On évite cet inconvénient en les faifant parquer dans une portion de terrain qu'ils puiffent nettoyer en un jour, & parcourir ainfi fucceffivement toute l'étendue du champ, jufqu'à ce qu'il foit entiérement épuifé. Cependant il refte encore un défavantage dans cette maniere de nourrir les moutons, en ce qu'ils ne mangent jamais que les feuilles & la tête des navets, & que la plus grande partie refte dans la terre. Il eft vrai que fi on les y laiffe pourrir, ils deviennent un bon engrais ; & que fi on en a befoin pour la nourriture du bétail, on peut les lever avec des fourches de fer ou des crochets faits exprès; mais les moutons n'en mangent pas volontiers alors, parce qu'ils font crottés, flétris & impregnés de leurs urines ; & d'ailleurs, ces racines ainfi mutilées n'ont plus la même qualité que lorfqu'elles font nouvelles & conditionnées.

Une autre méthode peu différente de celle-ci, eft, avant de mettre les moutons dans le parc, d'arracher les navets qu'il renferme; ils les mangent alors plus à profit, parce qu'ils font frais & en bon état; d'ailleurs les racines entieres font plus faciles à arracher que celles qui ont été mutilées; & il y a bien moins de dégât de cette maniere. On doit auffi arracher les navets qui garniffent le contour intérieur du parc, & les jetter dans le milieu de l'efpace, parce qu'ils y font moins fujets à être écrafés que fur les bords, où les moutons marchent toujours, cherchant à s'échapper dans le champ.

Une troifieme méthode eft d'arracher les navets & de les étendre dans un autre endroit voifin où les moutons viennent enfuite les manger. Cela peut fe pratiquer, lorfque la terre où on les tranfporte a plus befoin d'engrais que celle d'où on les retire. Et fi d'un côté ce tranfport occafionne quelques frais, on évite de l'autre ceux des claies qui forment le parc ou du moins leur déplacement répété. Mais lorfque les moutons ne mangent pas les navets fur la place, & qu'on les leur donne dans un pré lorfque le tems eft humide, tout l'avantage qui réfulte de leur urine & de leur crotte, confidérées comme engrais, eft en pure perte. On eft cependant forcé d'en ufer ainfi lorfque la terre qui les a produits eft graffe & mouillée.

Quand on veut donner des navets au gros bétail, il faut les porter, comme on l'a dit, dans un champ voifin, & les couper par morceaux, de peur que les animaux ne s'étranglent en les avalant entiers. On leur en donne foir & matin, & dans l'intervalle environ huit livres de foin ; mais les navets augmentent tellement leur appétit, qu'un bœuf de moyenne taille mange près de deux cens cinquante livres de ces racines en vingt-quatre heures, indépendamment du foin : auffi quatre mois de tems fuffifent-ils pour l'engraiffer parfaitement.

Le produit d'un acre de bonne terre, femée en navets & cultivée de la maniere que nous l'avons dit, fera d'environ trente tonneaux ou foixante mille pefant, ce qui fuffira pour engraiffer deux bœufs.

Un mouton d'une bonne taille mangeant par jour vingt livres de navets avec un peu de foin, quatre mois fuffiront pour l'engraiffer ; ainfi un acre engraiffera vingt-cinq moutons fur le pied de vingt livres par jour.

Outre que les navets engraiffent le bétail, ils fuppléent auffi pendant l'hiver & le printems au défaut d'autre pâture. Les vaches & les cochons en aiment beaucoup le verd, & ils donnent beaucoup de lait aux premieres. Lorfque les moutons font parvenus à un certain âge avant d'avoir mangé des navets, ils ne s'en foucient pas beaucoup ; mais fi on les laiffe jeûner quelques jours avant de leur en préfenter, ils s'y accoutument peu à peu, & parviennent à les aimer.

J'ai vu des agneaux auxquels, dans la vue d'épargner le trefle, le fainfoin & la luzerne, on ne donna rien autre chofe, jufqu'au commencement d'Avril, quoiqu'alors les navets euffent commencé à monter en graine, & qui s'en accomoderent très-bien.

Quelques-uns font cuire des racines à moitié, pour y accoutumer feulement les beftiaux, & fur-tout les moutons. Cette méthode eft très-bonne, & un agneau de trois femaines n'en a pas plutôt goûté, qu'enfuite il les mange volontiers crues.

Il y a encore une autre maniere de cultiver les navets ; c'eft de les femer par rangs au moyen d'une charrue à femoir, & de les farcler avec l'*arare*. La diftance des rangs doit être de fix pieds ; & quoiqu'il femble que par - là beaucoup de terrain foit perdu, cependant la récolte d'un acre, femé fuivant cette méthode, rend toujours beaucoup plus que l'ufage ordinaire, lors même qu'on a eu foin de remuer la terre avec la houe.

Un acre de navets ainfi cultivé, nourrira plus de moutons, pendant l'hiver, que ne pourroient faire cinquante acres des meilleurs pâturages. Le calcul fuivant fuffit pour en convaincre.

Je suppose un terrain de deux cens seize pieds quarrés ; c'est à peu près l'étendue d'un acre. Divisez-le par planches de six pieds de large pour autant de rangs de navets. Chacune de ces planches aura de longueur deux cens seize pieds, & contiendra le même nombre de navets, éloignés d'un pied chaque. Multipliez cette somme par trente-six qui forment le nombre de couches, vous aurez pour produit du quarré sept mille sept cens soixante-seize navets, lesquels étant supposés peser huit livres, donneront en tout soixante - deux mille deux cens huit livres. Ceci pourra paroître extraordinaire ; & cependant si l'on considere que ces navets ne sont pas évalués, ni à beaucoup au - dessus de la moitié de leur poids (1), il faudroit en conclure que, dans une bonne année, l'on peut récolter le double de ce que nous avons ici supposé.

L'on pourroit tirer de cette méthode de semer les navets par bandes, un avantage considérable. Si au lieu de couvrir de bled ou de mars tout un champ, ainsi que c'est l'ancien usage, on en semoit dans les intervalles de ces bandes, cela seroit d'autant plus avantageux, que ces intervalles auroient été bien remués, & que lorsqu'on arracheroit les navets, la place qu'ils occupoient serviroit d'allée entre les couches de bled. Je finis cet article par relever une erreur assez ordinaire parmi ceux qui n'ont point été à por-

____

(1) M. de Chateauvieux a eu des navets qui pesoient depuis sept jusqu'à quatorze livres ; & en 1775, M. Duhamel ayant semé un champ qu'il cultiva ainsi avec l'arare, beaucoup mesuroient vingt-neuf pouces de circonférence.

tée de voir par eux-mêmes. J'entends dire quelquefois que le mouton nourri avec des navets a une odeur forte & eſt d'un mauvais goût, rien n'eſt ſi faux ; car au contraire, il eſt notoire que le meilleur qui ſe mange en Angleterre, eſt engraiſſé de cette maniere, & que celui dont la chair eſt jaune, ſe nourrit dans les marais & les plus mauvais pâturages.

ARTICLE

ARTICLE VI.

Du Trefle.

LA culture de cette plante & fon utilité étant bien connues, je m'étendrai peu fur ce qui la concerne, & me contenterai d'une feule obfervation.

Beaucoup de Laboureurs fe font une loi de répandre tous les deux ou trois ans un léger engrais fur les prairies naturelles, parce qu'ils penfent, avec raifon, que la fauchaifon de ces prairies les épuifent davantage que lorfqu'on y laiffe paître le bétail; mais il eft bon d'obferver que cela n'arrive point aux prairies artificielles de trefle. Au contraire, depuis quelques années, on s'eft convaincu, par des expériences réitérées, qu'une terre femée en trefle s'épuife davantage quand il eft mangé fur pied, que lorfqu'on le fauche; que d'ailleurs les récoltes de bled qui les fuccedent, après la fauchaifon, font meilleures & plus nettes; & qu'enfin le bled femé dans une terre où le trefle a été deux fois fauché, donne une récolte plus abondante, que lorfqu'après une premiere fauchaifon on a donné le regain aux beftiaux.

Il eft aifé de concevoir pourquoi les récoltes de bled font meilleures & plus nettes où on a fauché le trefle. En effet, dans ce cas on lui donne le tems de croître affez pour couvrir la terre d'un ombrage & d'une fraîcheur falutaires : en fecond lieu, il étouffe les herbes parafites, ou les empêche de pouffer; & enfin lorfqu'on la fauche, la faulx en détache une certaine quantité de feuilles, qui en tombant s'at-

K

tachent à la terre, & forment une croûte qui conferve les fels & empêche toute évaporation. Une feconde fauchaifon multiplie encore ces avantages, & l'expérience prouve que la terre fe fertilife plus par les deux fenaifons, qu'elle ne s'épuife par la fubftance qu'elles lui enlevent. Confidération très-importante & digne de toute l'attention du cultivateur.

ARTICLE VII.

Du Perfil.

LE perfil eft un excellent préfervatif contre la maladie putride, à laquelle les moutons font les plus fujets. On peut leur abandonner deux fois la femaine, & pendant deux ou trois heures feulement, une portion de champ où on le cultive. C'eft affez pour remplir ce but, & l'on prévient par-là le dégât qu'ils feroient fur une plus grande étendue.

On feme ordinairement le perfil de la même maniere que le bled & les autres grains ; mais la culture que j'ai indiquée pour la luzerne, eft celle qu'il faut préférer ; il s'en trouve beaucoup mieux & donne des récoltes bien plus abondantes.

Non-feulement le perfil garantit & guérit même les moutons de la pourriture, mais encore il en rend la chair plus agréable au goût. C'eft une chofe inconteftable, que la qualité des pàtures influe fur la délicateffe de tous les animaux ; auffi le mouton nourri de bonnes & fines herbes eft-il infiniment meilleur, plus tendre & plus délicat que celui qui a coutume de paître dans des pâturages groffiers ou marécageux. Au refte, je ne prétends pas dire que le perfil, donné pour toute nourriture aux moutons, peut leur convenir, & je n'en recommande l'ufage qu'autant qu'on le donne avec d'autres pâtures.

Le meilleur tems pour la femaille eft depuis le milieu jufqu'à la fin de Février. La terre doit être très-meuble, & il ne faut rien négliger dans fa préparation. Deux boiffeaux de graine fuffifent pour enfemencer un acre par raies diftantes d'un pied l'une de l'autre ; & fi le fol eft bon, bien remué & bien farclé, l'on peut compter fur une récolte abondante.

Les racines de cette plante peuvent fe manger cuites comme les panais & les carottes ; elles font même très-falubres, & l'on devroit en recommander l'ufage aux perfonnes fujettes à la gravelle. Quant à leur groffeur, elle dépend de l'efpace qu'on leur donne, & je ne doute point que, lorfqu'on voudra laiffer affez d'intervalle entre les rangs pour que l'arare puiffe y paffer, elles ne deviennent auffi fortes que des panais moyens. Cette méthode auroit d'ailleurs le double avantage d'employer moins de graine, & d'épargner des frais, en fubftituant la culture avec l'arare, à celle qui fe fait à bras d'homme, & qui, comme on le fait, eft bien plus coûteufe. Je faifirai tou-jours toutes les occafions de recommander cette culture que je regarde comme plus expéditive, & la plus propre pour multi-plier les pâtures convenables aux bêtes à laine, dont la perfec-tion contribueroit tant à la richeffe de l'état & des particu-liers.

Les lievres & les lapins font très-friands de perfil, & vien-nent de fort loin pour le manger. Quiconque voudroit donc en attirer fur fes terres, n'auroit qu'à y en faire femer, il au-roit bientôt tous ceux du voifinage : mais comme ces animaux peuvent caufer de grands dégâts, je confeillerois de n'en fe-mer que dans des terres enclofes. C'eft le meilleur moyen pour s'en garantir.

ARTICLE VIII.

Des Carottes.

DE toutes les racines, la carotte eft la plus digne de l'attention des cultivateurs ; elle eft regardée comme telle par les Flamands, & depuis long-tems ils s'occupent de fa culture.

Les chevaux l'aiment beaucoup, & elle eft très-propre à engraiffer toutes fortes de beftiaux ; elle donne même à leur chair un meilleur goût que ne fait le navet, fur lequel elle a encore cet avantage, que la récolte en eft moins incertaine.

En effet, fi l'on feme les carottes dans le printems, elles levent généralement bien, & à moins que les mois de Juin & Juillet foient extrêmement fecs, il n'y a rien à craindre pour elles; au lieu que les navets font expofés au ravage des infectes, qui fouvent les dévorent à mefure qu'ils pouffent, & que dans les automnes très-fecs, ils ont de plus à craindre les chenilles qui, en peu de tems, en dévaftent des champs entiers. Les carottes n'ont point ces ennemis à redouter.

Il eft donc effentiel pour ceux qui ont des grands troupeaux, de fe munir d'une bonne provifion de ces racines. Avant de les femer, il faut donner de profonds labours à la terre, & la rendre la plus meuble qu'il eft poffible; elles en feront & plus groffes & plus longues. Il faut les femer dans le mois de Mars par raies, diftantes d'un pied. Une livre & demie de graine fuffit pour un acre de terre. Comme les graines

font fujettes à fe coller l'une contre l'autre , on les mêle avec du
fable fin ; & après les avoir femées , on paffe légerement la
herfe par-deffus. Dès que les plantes ont acquis quelque force ,
il faut les farcler, remuer la terre, les éclaircir à fix pouces
l'une de l'autre fur la même raie, & répéter fouvent le far-
clage, afin qu'il ne refte aucunes mauvaifes herbes. On ne
doit pas fur-tout femer aucun grain parmi elle, fi l'on veut
avoir de belles racines propres à tenir lieu de fourrage.

Au lieu d'en faire la culture à bras d'hommes , qui eft
longue & difpendieufe , il faut fe fervir dans l'intervalle des
lignes, de l'arare. Un cheval eft fuffifant pour ce labour, &
ces racines en reçoivent un grand bénéfice.

J'en citerai pour preuve M. de Chateauvieux, qui en ayant
cultivé, fuivant cette méthode, dans un efpace de quarante
pieds de long fur fix pieds de large, les tint à fept pouces de
diftance, & fans arrofement récolta des carottes de vingt &
vingt-cinq pouces de longueur , & de deux pouces & demi à
quatre pouces de diametre, & dont chacune pefoit de vingt-
cinq à trente , & jufqu'à trente-trois onces. Je dis *fans arrofe-*
ment, parce que telle eft en effet l'excellence de cette culture ,
que lorfqu'on la fait exactement , & qu'on a donné aux premiers labours une profondeur convenable, la terre conferve
toujours un degré d'humidité fuffifante.

C'eft une fort bonne méthode de femer des navets au lieu de
laiffer les terres en jachere ; mais fi le fol eft bon pour les carottes , il faut les préférer comme plus avantageufes à plufieurs
égards : elles deffechent moins la terre ; & comme il eft néceffaire de lui donner des labours très-profonds pour que les ra-

cines puiffent pénétrer & s'étendre davantage, elle fe trouve d'autant plus meuble & mieux préparée pour recevoir les bleds.

Le moyen de conferver les carottes jufqu'à la fin du printems, c'eft de les cueillir au commencement de Novembre, & après que le fanage eft tombé, de les mettre dans du fable dans un endroit fec & à l'abri de la gelée, où on les laiffe jufqu'au befoin.

Je fuis forcé de m'étendre fur cet article, & je le fais d'autant plus volontiers, qu'en France on n'eft pas dans l'ufage de nourrir les beftiaux avec cette racine. Je voudrois convaincre les cultivateurs de fon importance, & je dois répéter ici que je ne confeille rien que je n'aie pratiqué moi-même avec fuccès: j'oferai même leur prédire, qu'en adoptant mes principes, ils m'en fauront gré un jour, pourvu qu'ils s'y conforment exactement, & qu'ils mettent à part toute efpece de préjugé.

Il n'eft point de racine qui engraiffe les bœufs autant que les carottes; ils les mangent avec avidité, & cette nourriture les met bien vîte en état d'être vendus au Boucher, & rend leur chair excellente.

Il s'en trouve qui d'abord ne veulent pas les manger crues; mais on les y accoutume par degré, en commençant par leur en donner de bouillies: c'eft l'affaire de quelques jours.

La ration des plus grands bœufs, lorfqu'on veut les engraiffer, eft de cent vingt livres de carottes, & huit livres de foin par jour; & au bout de feize femaines, ils font bons à tuer. Chaque bœuf aura confommé, pendant ce tems, quatorze mille quatre cens livres de carottes, & huit cens quarante livres de foin ; ainſi un acre de terre donnant plus de trente mille livres, il ſuffira avec mille ſix cent quatre-vingt livres de foin pour engraiſſer deux grands bœufs.

Les carottes ſont encore excellentes pour donner plus de lait aux vaches, ſur-tout pendant l'hiver & au commencement du printems, lorſqu'elles n'ont que peu d'herbes à manger. Leur lait n'en contraĉte pas de mauvais goût, mais le beurre eſt plus jaunâtre. Au reſte, ce n'eſt pas un inconvénient, puiſque la qualité n'eſt pas moins bonne que pendant l'été lorſque les vaches ſont à l'herbe.

Les moutons ne ſe trouvent pas moins bien de cette nourriture, & elle contribue beaucoup à la délicateſſe de leur chair. Dix livres de carottes par jour, avec un peu de foin, ſuffiſent pour les engraiſſer en ſix ſemaines. Un mouton conſommera, pendant ce tems, onze mille deux cens livres de carottes, & environ cent vingt livres de foin ; ainſi un acre ſuppoſé donner un produit moyen de trente mille livres, fournira de quoi engraiſſer vingt-ſix grands moutons, à l'aide d'un peu de foin.

Il n'eſt rien de meilleur que les carottes pour les chevaux de chaſſe & les coureurs, quand on leur en donne avec diſcrétion : mais pour ceux de trait & de caroſſe qui ne fatiguent pas trop, il n'y a aucun danger de leur en donner autant qu'ils veulent. Cette nourriture eſt même une épargne, parce qu'elle leur tient lieu de grains, & qu'il leur faut auſſi beaucoup moins de foin.

J'ai connu un Gentilhomme qui, dans la ſaiſon des carottes, en nourriſſoit ſes chevaux de chaſſe, & ne leur faiſoit donner preſque rien autre choſe, ſinon du pain fait avec un mêlange

de

de farine d'orge & d'avoine ; & quelquefois quand ils étoient
conftipés, il leur faifoit donner un peu de fon & point d'avoine.
Ses chevaux fe trouvoient fort bien de ce régime, & étoient
devenus très-vigoureux. Je fuis à peu près la même méthode
avec les miens ; je leur fais donner des carottes avec cinq à fix
livres de foin par jour, & un tiers feulement de l'avoine qu'ils
avoient auparavant. Je trouve qu'ils font plus légers, plus animés, & qu'ils fupportent mieux la fatigue que ceux qu'on nourrit avec du foin, de la paille & de l'avoine de la meilleure qualité.

L'on a remarqué que les carottes étoient excellentes pour
calmer & arrêter les battemens de flancs & les oppreffions des
chevaux ; & j'ai vu un Maquignon qui, lorfqu'il avoit un
cheval pouffif, le nourriffoit avec des carottes avant de s'en
défaire, & le vendoit enfuite comme s'il n'eût été qu'un peu
effoufflé.

Le même Gentilhomme dont j'ai parlé ne nourriffoit fes
chiens courans & fes épagneuls, qu'avec des carottes bouillies,
un peu de lait écrêmé & de la farine d'orge délayée dans l'eau
des carottes. Ces animaux qu'on nourriffoit auparavant avec
de la viande & de la farine d'orge, étoient toujours couverts
de galle ; mais depuis ce changement de nourriture, la fraîcheur de ces racines corrigeant la chaleur de l'orge & de la
viande, ils fe portoient toujours bien. J'ai adopté cette méthode, & pendant une faifon entiere, j'ai fait nourrir une
meute de chiens avec des carottes & de la viande bouillies enfemble, obfervant de ne mettre en viande que le quart du
poids des carottes, auxquelles je faifois ajouter de la farine
d'orge. L'événement a parfaitement juftifié l'idée que j'avois

L

de cette nourriture ; & fi cette année j'ai fait donner du pain trempé à mes chiens , c'eft que je n'ai pu me procurer des carottes pendant l'automne.

Je finis en priant le Lecteur de ne point condamner cette méthode , fans en avoir fait l'expérience ; & je garantis que quiconque l'effayera , en reconnoîtra bien vîte les avantages.

ARTICLE IX.

Du Ray-grass.

IL y a deux especes de ray-grass, l'une blanche & l'autre rouge. Cette différence de couleur ne se remarque qu'aux nœuds qui se rencontrent par intervalles dans les tiges, & elle est le premier caractere distinctif de la plante; le second consiste dans la grandeur & la qualité. Le ray-grass blanc est le plus haut, & le rouge le plus fort. Tous deux croissent naturellement & sans culture, mais entre les mains de l'homme ils acquierent de nouvelles qualités, qui tournent à son avantage. Le blanc ou la petite espece est préférable, parce qu'elle vient mieux, plus vîte & s'étale plus que l'autre.

Toutes sortes de terres conviennent à cet herbage. Un de ses avantages est, que tandis que beaucoup d'autres, destinés à la nourriture des bestiaux, se trouvent quelquefois endommagés ou même perdus, lors d'une trop grande sécheresse, celui-ci n'en souffre nullement. Les chaleurs de l'été, les rigueurs de l'hiver, les tems pluvieux ne lui font aucun tort; il résiste à tout, & offre une ressource précieuse au cultivateur, quelquefois dénué de toute autre. C'est pendant l'hiver un des meilleurs fourrages pour le gros bétail, & au printems une des premieres pâtures pour le petit. Il n'en est point de plus salubre. Qu'on le donne seul, il est excellent; qu'on le mêle avec d'autres herbes, il corrige la mauvaise qualité qu'elles peuvent avoir : d'ailleurs, comme il est sec de sa nature, il fournit pour les moutons un excellent préservatif contre la pourriture.

L ij

La facilité avec laquelle le ray-graff réfiste aux imtempéries des faisons, fait qu'il donne toujours des récoltes plus abondantes qu'aucun autre herbage. Il ne faut point craindre que le bétail le mange trop près de la racine, car ce ne peut être qu'un bien ; & le plus grand inconvénient, feroit qu'il vînt à monter trop haut : tant que fes tiges font jeunes, elles font auffi nourriffantes que les feuilles, & elles pouffent avec une nouvelle vivacité après avoir été mangées.

Lorfqu'en femant le ray-graff pêle mêle avec le trefle, on a en vue de corriger les mauvaifes qualités de celui-ci, il fuffit d'y joindre une petite quantité du premier ; mais lorfqu'on veut avoir une récolte précoce, il faut alors augmenter la dofe de beaucoup. Cinq boiffeaux de ray-graff, mêlés avec huit livres de trefle, fuffiront pour un acre, quoique l'on puiffe toutefois en mettre davantage. Regle générale : la quantité plus ou moins grande du ray-graff, mêlé avec le trefle, doit toujours être en raifon du befoin plus ou moins grand d'une pâture précoce, & qui puiffe fuffire pour un certain tems.

Une des qualités du ray-graff, eft de prolonger la durée du trefle pendant un plus grand nombre d'années, en telle proportion qu'ils fe trouvent mêlés; mais fi le premier eft à peu près dominant, la jouiffance fera beaucoup plus longue & prefque illimitée.

Nous avons dit que le ray-graff s'accommodoit des plus mauvaifes terres : nous ajouterons que lorfqu'on le feme fur un bon terrain, il étouffe les mauvaifes herbes qui peuvent s'y trouver. L'on obferve que partout où il domine, il y a peu de chardons, & que pour peu qu'on ait foin d'arracher ceux qui reftent, on n'en revoit plus par la fuite. La raifon en eft fimple autant que le fait eft important. Le ray-graff s'étend fur toute la furface du terrain; il fe ferre tellement, & attire après chaque coupe une fi grande quantité de fubftance, que non-feulement aucune graine ne peut fe glifler entre les plantes, mais que quand bien même elle y parviendroit, elle périroit bientôt faute de nourriture. Nettoyer de chardons une prairie artificielle eft toujours un objet de la plus grande conféquence.

L'époque de la coupe du ray-graff exige une attention particuliere; car outre qu'on en fait de bon fourrage, on peut auffi en recueillir la graine qui n'eft point un objet à méprifer : mais ces deux genres de profit fe nuifent un peu l'un à l'autre. En effet, fi l'on prend pour fanner, le tems où la plante eft verte, la graine n'eft point encore mûre ; & fi l'on attend qu'elle le foit, les branches étant plus dures, plus rudes & plus feches, le fourrage eft moins bon.

On fera bien de prendre le milieu entre ces deux extrêmes, & de ne point fanner le ray-graff quand il eft encore trop verd, ni lorfqu'il eft trop mûr & que fes branches fe font durcies. Pour cela, il faut choifir le tems où la graine commence à être mûre, & où les branches font encore tendres; par ce moyen l'on aura de bon fourrage, & la plus grande partie de la graine levera bien. Quant à ceux qui préferent d'avoir d'excellente graine pour enfemencer une nouvelle piece de terre, ils auront raifon d'attendre quelque tems de plus ; mais ils ne doivent point s'attacher alors à la qualité du fourrage ; & fi au contraire ils facrifioient à celui-ci le profit qu'on peut retirer de la graine, ils feroient bien de faucher le ray-graff dans le tems où les épis commencent à fe former. Non-feulement le fourrage en fera meilleur, mais lá plante pouffera de nouveau avec une vivacité étonnante, & en peu de tems elle fera bonne à être mangée fur pied, ou fi l'on veut on pourra bientôt la faucher une feconde fois. Le printems a été, cette année, très-favorable aux herbages : à la fin de Mai, j'avois déjà trois coupes de ray-graff avec lefquelles je nourriffois mes chevaux, & le 20 de Juin j'en ai fait une quatrieme des plus abondantes. A la vérité, le fol de cette piece eft excellent, & cela doit être compté pour beaucoup.

La graine de ray-graff eft un objet de quelque importance. Lorfqu'on laiffe cet herbage atteindre le degré de maturité convenable, on en recueille quelquefois cinquante à foixante boiffeaux par acre : or, un boiffeau vaut environ 40 fols, ainfi l'on fe trouve un peu dédommagé de la qualité inférieure du fourrage. Ceux qui s'attachent plus à celui-ci, & qui cependant font bien aifes d'avoir un peu de graine, fe contentent de ramaffer celle qui fe trouve fur la place où on met le ray-graff en tas ; mais lorfqu'on veut tirer le meilleur parti poffible de la graine, il faut alors battre le ray-graff de la même maniere que l'on pratique pour le bled.

Dans tous les tems, lorfque le ray-graff eft trop clair femé, on peut y remédier en répandant de nouvelle graine. Il fuffit de le jetter à l'aventure parmi l'herbage ; elle leve bien, & le rend touffu en proportion de la quantité qu'on en répand, ce que peut faire un ou deux boiffeaux par acre. La meilleure faifon pour cela eft le printems, mais on peut auffi le faire au mois d'Octobre.

Plus d'un fermier a dû la confervation de fes brebis & de fes agneaux au ray-graff, lorfqu'au commencement du printems toute autre nourriture lui manquoit. C'en eft affez, fans doute, pour démontrer la néceffité d'en avoir toujours pour le befoin.

Fin de la feconde Partie

TROISIEME PARTIE.

ARTICLE PREMIER.

Des Enclos.

LA néceffité d'enclorre les terres eft de la plus grande importance : fans les enclos, il feroit impoffible de donner à un nombreux troupeau de moutons les foins qu'exige leur délicateffe, & d'en retirer tous les avantages dont ils font fufceptibles ; c'eft en même tems le meilleur moyen de porter l'agriculture au plus haut degré de perfe007ftion : en un mot, c'eft la bafe de toute efpece d'amélioration. En adoptant cette méthode, on augmente confidérablement le produit des terres, & l'on peut même le décupler. Un moyen propre à augmenter ainfi fes revenus fans faire tort à perfonne, mérite affurément que les propriétaires s'en occupent, fur-tout quand l'effai eft auffi facile & la réuffite auffi probable.

La méthode d'enclorre les terres n'a pas été fans contradi007cteurs ; les uns ont prétendu qu'elle étoit contraire aux loix divines, les autres l'ont envifagée comme un moyen d'opprimer les peuples. Prenons ici l'humanité pour juge, & voyons fi ces obje007ctions font bien fondées.

Sans doute, ce qui opere un bien général, peut en certain cas, produire un mal particulier ; fans doute auffi, tout ce qui tend à enrichir un feul individu par la ruine & l'oppreffion des autres, eſt eſſentiellement mauvais : mais enclorre des lan-des, des communes, des terres couvertes de bruyeres, c'eſt faire le bien de la ſociété, c'eſt procurer au peuple un ſur-croît de nourriture, c'eſt aſſurer à chacun ſa propriété : pour peu que le miſérable poſſeſſeur d'une chaumiere ſoit induſ-trieux, il peut par ce moyen porter le produit de ſon petit coin de terre au taux de ſa valeur principale ; & c'eſt aſſuré-ment ce qu'il ne pourroit jamais eſpérer, en laiſſant les choſes dans l'état primitif & pour ainſi dire de pure nature.

Aujourd'hui ceux qui ont de grands troupeaux, con-ſomment ſur la fin du printems & avant l'hiver, toute l'herbe des communes, & pendant ce tems ils laiſſent repoſer leurs propres prairies, qui leur offrent enſuite une reſſource aſſu-rée pour leurs beſtiaux, lorſque les communes ne peuvent plus leur fournir de nourriture ; mais le malheureux payſan n'en trouve plus alors pour la vache ou le mauvais cheval qu'il poſſede ; c'eſt donc avec raiſon que l'on a coutume de dire que le petit propriétaire d'un enclos en retire plus qu'il ne feroit de ſa part de beaucoup d'acres, dont il ne jouiroit qu'en commun avec d'autres.

L'objection fondée ſur le tort que les enclos font au pauvre, eſt abſolument démentie par le fait ; car il eſt notoire que le payſan n'eſt nulle part auſſi miſérable & auſſi pareſſeux que dans les endroits où il a ou prétend avoir des droits ſur les communes : vous le voyez la faim peinte ſur le viſage & la miſere ſur le dos, paſſer nonchalamment ſon tems à garder une vache étique, & élever ſes enfans dans la même fainéan-tiſe : les profits qu'il recueille dans ce genre de vie, ne ſont certainement pas comparables au bénéfice qu'il retireroit de

ſon

fon travail & de celui de fes enfans, fi ces communes étoient en clôture ; il acheteroit donc un avantage réel par le facrifice d'un bien imaginaire, & y trouveroit une reffource continuelle, par la poffibilité de s'employer utilement & toujours.

Les communes font une fource d'oifiveté, & un pareil droit ne peut jamais être d'une utilité publique ni particuliere; il tend au contraire à détruire l'un & l'autre. Le bien de l'état eft donc de l'anéantir.

Mais, dira-t-on, il y a eu de tout tems des terreins vagues : le peuple verroit de mauvais œil qu'on lui en ôtât la jouiffance.

Et de plus, le fol eft fi mauvais dans quelques endroits, qu'il ne vaut pas la peine de l'enclorre : examinons encore ces objections.

Je dis d'abord que les enclos ne doivent pas être permis *là* où ils cauferoient *un tort réel*, mais cela n'aura jamais lieu que dans un très-petit nombre de cas. Dans tous les autres, lorfque la réfiftance eft un effet de l'obftination & de la mauvaife volonté du payfan, il eft à propos de prendre des mefures propres à s'en garantir. Des foffés à fec fe comblent aifément, des haies vives peuvent s'arracher de même, & c'eft à quoi l'on doit s'attendre, quand on a des préjugés à combattre. Mais creufez un foffé de fept pieds de profondeur & d'autant de largeur, répandez la terre uniment fur le champ, vous aurez d'abord un excellent engrais ; & fi des gens mal intentionnés viennent à deffein de détruire votre ouvrage, ils ne trouveront point de levée à culbuter & ne prendront pas la peine de fouiller & ramaffer la terre pour combler

M

l'excavation ; ne trouvant alors aucun moyen de vous' nuire fans éclat , ils n'iront fûrement pas jufqu'à le faire ouvertement.

En s'y prenant ainfi , le propriétaire affurera le fruit & la récompenfe de fes travaux, & il fera bientôt dédommagé de cette premiere dépenfe par un produit avantageux. Au bout de quelques années tout fera tranquille ; l'ufage prévaut à la fin en bien comme en mal ; & alors il pourra fe clorre au moyen d'une haie.

Je paffe à la feconde objection fondée fur la mauvaife qualité du fol : cette objection eft très-commune , mais n'en eft pas meilleure. La plupart des terres qu'on appelle mauvaifes, auroient une autre réputation , fi elles étoient en de meilleures mains ; & avec de l'intelligence & de l'induftrie on pourroit tirer le plus grand parti des neuf dixiemes des terres vagues que contient la France. Le roc feul fe refufe à la culture, mais quiconque ofera tenter d'améliorer le plus mauvais fol & débutera *par les enclos*, laiffera à fa poftérité un fujet de bénir ceux par l'avis defquels il aura fait cet effai.

Voyez en Angleterre une partie de la Comté de Suffolk & la lifiere de celle de Norfolk ; il eft impoffible de trouver un fol plus mauvais , & cependant on le cultive avec avantage par-tout où le peuple s'arme de courage & de réfolution : dans quelques endroits de ces provinces, ce n'eft autre chofe que du fable fans aucun mélange de terre ; & dans l'efpace de plufieurs lieues vous n'y voyez point d'herbe , pas feulement une plante, dans les endroits les plus expofés ; il eft auffi mobile que les fables de l'Arabie, & le fouffle impétueux des vents l'agite prefqu'autant que les vagues de la mer. Il ne faut donc pas s'étonner si naturellement il ne produit rien : cette seule circonstance doit s'y opposer entierement.

Après le roc il n'est rien de plus stérile qu'un pareil sol, & cependant ses habitans ont trouvé moyen de le fertiliser. Ils commencent par l'enclorre, ils y sement ensuite du foin dans un tems calme, & le couvrent tout de suite avec des joncs marins qu'ils assujetissent avec de petits morceaux de bois fichés dans le sable, pour empêcher que le vent ne les enleve : cette méthode fixe non-seulement le sable, mais elle lui donne de plus une fraîcheur & une humidité ordinaires à tout terrein couvert ; la graine s'attendrit, se mouille & bientôt commence à germer ; peu après les racines s'étendent, s'entrelassent, contiennent le sable, s'affermissent & forment enfin un gazon passable, & qui au bout de quelque tems a déja acquis une certaine consistance. C'est ainsi que dans un terrein absolument aride, on peut se procurer une espece de pâturage ; mais l'herbe n'est pas la seule chose qu'on doive en attendre, les carottes y viendront mieux que par-tout ailleurs, les navets pourront ensuite prendre leur place, & non-seulement y réussiront bien, mais procureront encore le double avantage d'y faire parquer & nourrir des moutons, & par ce moyen de l'améliorer au point de produire du bled. Une haie bien épaisse empêchera que les sables voisins ne l'enseveliissent, & assurera à la fois au cultivateur la propriété & tous ses avantages.

Si dans le plus mauvais sol (car tel est exactement celui que je viens de citer) les enclos suffisent pour produire de tels effets, il est évident que dans un meilleur les obstacles seront moindres & les avantages d'autant plus grands ; d'après cela l'objection fondée fur ce qu'il y a des terreins qui ne valent pas la dépenfe des enclos, ne peut plus raifonnable-ment fe foutenir.

Je pofe en fait, que perfonne n'a jamais enclos fes terres d'une maniere convenable, fans en tirer les plus grands avan-tages; j'en appelle à tous ceux qui en ont fait l'expérience. Cette méthode ne procure pas feulement de plus grandes & de meilleures récoltes, elle garantit encore d'une infinité d'incon-véniens auxquels, fans cela, l'on eft expofé tous les jours.

Le cultivateur peut faire dans fon champ, ainfi féparé des autres, tels changemens qu'il juge à propos; il peut y fe-mer, y planter ce qu'il lui plaît & comme il lui plaît; &, chofe fort effentielle, il peut à fon gré y mettre pâturer fes beftiaux. Il n'eft perfonne qui ne foit jaloux de ces avantages, & qui ne defire naturellement de jouir de ce qui eft à lui; mais fans enclos la chofe eft impoffible. Un homme ne poffede pas parfaitement, & fans réferve, un champ dont il ne jouit pas exclufivement; & il n'a pas cette jouiffance exclufive dès qu'il ne peut le cultiver & en tirer le parti qu'il veut, quand il le veut, & de la maniere dont il le veut. Comment un champ peut-il s'appeller la propriété de quelqu'un, fi le produit de fon travail & de fes avances eft à la merci de tout le monde? Comment peut-on dire que ce champ eft entierement à fa dif-pofition, s'il eft contraint de femer & de recueillir en même-tems que les autres, qu'il le veuille ou non, & de s'aftreindre ainfi dans tous les cas à leur ufage, quoiqu'il fache qu'il eft mauvais & qu'il en connoiffe un meilleur?

Indépendamment des avantages *politiques*, des enclos confi-dérés relativement à la propriété, aux fruits de l'induftrie qu'ils affurent, il en eft d'autres qu'on peut appeller *naturels*, comme de garantir de l'invafion des fables, ainfi que nous l'avons dit ci-devant. Leur utilité pour la récolte de toute efpece de grains & de fruits n'eft pas moins grande; ils le défendent contre la violence & l'impétuofité des vents, & auffi contre cette nielle froide & piquante fi funefte vers le commencement du printems.

Une piece de terre enclofe eft toujours plus chaude & moins expofée qu'une autre de même efpece & d'un fol pareil, mais ouverte de tous côtés. Ceci eft de la derniere évidence, & l'expérience en convainc tous les jours. Les enclos confervent la chaleur naturelle de la terre & la richeffe d'un bon engrais; car telle quantité employée fur un terrain chaud abrité & couvert, fera deux fois plus d'effet que fi elle étoit répandue fur un efpace égal en pleine campagne, & expofé à toutes les intempéries de l'air. Il eft encore certain qu'un champ clos donne une récolte plus abondante de tel grain que ce foit, que ne fait un champ ouvert, quoique femé exactement de même. Et quant à l'herbe ou au foin, ils font incomparablement meilleurs & plus abondans dans les terrains clos que dans ceux qui ne le font pas. Les haies elles-mêmes, quand on les conduit comme il faut, font d'une très-grande utilité; elles procurent un abri aux beftiaux que l'on met dans les pâcages, & du bois au cultivateur pour différens ufages. Combien la réunion de tant d'avantages ne démontre-t-elle point l'importance de cet objet pour le progrès de l'agriculture?

Tout ce que j'ai dit jufqu'ici eft plus particuliérement relatif aux communes, mais peut auffi s'appliquer à tous terrains que les propriétaires laiffent, pour ainfi dire, à l'abandon, & ne féparent pas de ceux des autres par le moindre foffé ni la moindre haie.

Mais je prévois, à regret, que la raifon fera peu d'effet fur bien des gens qui n'entendent point, ou que les préjugés empêchent d'entendre fon langage, & de fe rendre à l'évidence. Il faut, avec eux, employer un reffort plus puiffant & auquel ils ne réfiftent point, c'eft l'intérêt. Suppofons pour un moment cette difficulté vaincue; il en refte encore une autre, c'eft de perfuader le payfan. Or, je ne doute pas que toute nouveauté en agriculture, quand bien même fon utilité feroit démontrée par une longue fuite d'expériences, ne rencontrât encore des obftacles infinis avant qu'on pût parvenir & déterminer les laboureurs à l'adopter, tant ils fe perfuadent difficilement qu'une méthode oppofée à leur ufage puiffe réuffir, quoiqu'ils en voient la preuve fous leur yeux. Un efprit éclairé fe rend à l'évidence, mais l'ignorance & l'obftination oppofent des obftacles qu'il eft difficile de furmonter. Je ne laiffe pourtant pas d'efpérer que mes idées fur les enclos feront tôt ou tard adoptées. En effet, l'utilité publique & l'avantage des particuliers étant l'objet qui m'anime, n'ai-je pas lieu de me flatter que l'on pourra fe déterminer à faire un effai impartial des moyens que je propofe, fur-tout fi je parviens à convaincre de leur efficacité? Je vais donc pourfuivre avec courage, & démontrer la néceffité des enclos pour quiconque veut élever un nombreux troupeau de moutons.

La féparation des terres bien entendue eft l'art d'en tirer le meilleur parti poffible; c'eft la bafe de l'agriculture; & cependant on ne voit point ici un feul acre de terre qui, à proprement parler, foit enclos, & l'on n'y connoît d'autre moyen de féparation que l'attention des hommes & la vigilance des chiens.

Il eft inconcevable que, vu la quantité d'inconvéniens qui réfultent de cette négligence, on foit encore à y remédier. Arrêtons-nous à ceux qui ont rapport à l'éducation des moutons.

De tous les quadrupedes , celui-ci femble avoir été deftiné , par la Providence, à indemnifer plus particulierement le laboureur de fes avances, & le payer de fes travaux. Cependant l'on m'affure qu'on n'en retire ici d'autre avantage que de fumer les terres où on les met paître, & qu'à cela près, un troupeau de moutons ne donne jamais un fol de bénéfice. Ces animaux demandent, à la vérité, beaucoup de foins , mais ils font peu fatigans. Le principal confifte dans les cantonnemens que rend néceffaire la maniere de les nourrir, telle que j'indiquerai ci-après. Ici on les laiffe errer & manger indifféremment toutes fortes d'herbes. Cet ufage eft le plus funefte que l'on ait pu adopter ; car, outre l'herbe commune, chaque terrain en a de particulieres & qui y dominent plus ou moins, & je me fuis convaincu , par une fuite d'obfervations , que lorfqu'on laiffe les moutons fe nourrir de cette variété de fubftances , il en réfulte les plus grands inconvéniens. Je n'ai jamais vu l'expérience fe démentir fur ce point, & je n'héfite pas de dire que cet objet influe particulierement fur la grandeur , la force & la graiffe de ces animaux. Le mouton nourri de cette maniere a beaucoup à fouffrir de la fermentation de ce mêlange mal fain. Les parties les plus fubtiles de ces herbes en un fens venimeufes, paffent par la fécrétion dans le fang, & caufent enfuite les plus grands ravages. Plus ces animaux mangent d'herbe ordinaire avec celles dont nous parlons, & moins il y a de dangers pour eux; cependant il en reste assez pour qu'on cherche à le prévenir.

On ne doit point laisser les moutons errer ainsi de pâturage en pâturage , car si les effets d'une pâture nuisible ne se font pas sentir immédiatement au bout de quelque tems, ces animaux font attaqués de la pourriture qui se manifeste par la dissenterie & d'autres symptômes également dangereux. Les bergers connoissent bien cette maladie, qui n'est pas moins funeste que celle que les moutons ne manquent jamais de gagner dans des terrains bas & marécageux, & qui est toujours mortelle pour ceux mêmes qui n'y séjournent qu'un peu de tems.

Des herbes dures & grossieres , telles que l'on en trouve particulierement dans les bois, les taillis , &c. peu ou point d'abri; négligence dans les parcs; défaut de soins qui , quoique simples , font pourtant essentiels dans l'éducation de ces animaux délicats; voilà des causes presque certaines de la pourriture; maladie à laquelle si quelques individus échappent par hasard, ce n'est que pour traîner les restes d'une vie languissante & de peu de durée. Il est vrai que, lorsqu'un mouton en est attaqué pour la premiere fois, soit en hiver soit en été, on peut, à force de soins & de peines, venir à bout de le sauver; mais il arrive rarement qu'un amandement de pâture suffise pour le faire vivre plus long-tems. Au surplus , j'indiquerai dans la suite de cet Ouvrage celle qui a produit les meilleurs effets.

Dans l'éducation des moutons, il faut avoir égard à la différence des pays & des circonstances, aux influences du climat, & enfin à la race & à l'origine de l'animal. Un berger Espagnol qui voyage avec ses troupeaux , se trouve bien

de

de pâturages vagues & non enclos, parce qu'il jouit dans ces pays d'un droit d'usage inconnu dans tous les pays civilisés que je connoisse. Mais supposons qu'on substitue un troupeau de moutons de *Romney Marsh* à un de Castille, il n'est pas difficile de prononcer sur le sort de l'un & de l'autre. Le troupeau Espagnol périra de la pourriture, & celui de Romney Marsh de faim & de maladie.

Laissons de côté pour quelque tems la santé de ces animaux, & demandons à un laboureur comment, sans enclos, il prétend engraisser ses moutons pour la boucherie ? Il vous dira que la chose est presque impossible, si ce n'est dans les bergeries, & qu'il faut qu'il les vende aussi maigres qu'ils étoient quand il les a achetés, & sans en tirer d'autre profit que d'avoir amélioré le terrain sur lequel il les a mis paître.

Qui ne voit ici l'utilité, disons mieux la nécessité des enclos, sur-tout s'il est une fois établi qu'un laboureur peut retirer du seul engrais des moutons ou de tout autre bétail, autant & peut-être plus de bénéfice que de tout le reste de sa ferme ?

Cette considération engagera, sans doute, le propriétaire qui n'a point à craindre les obstacles que d'autres rencontreroient dans le passage des communes, à essayer la méthode des enclos en petit : je dis en petit, car en agriculture il ne faut point faire d'épreuves en grand, & il est toujours assez tems quand le succès répond à l'attente. Au surplus, le propriétaire & le fermier sont également intéressés à faire cette tentative ; car celui-ci peut retirer le double avantage d'une moisson peut-être une fois plus abondante, & du bénéfice qui résulte d'une éducation bien entendue de ses moutons &

de fes autres beftiaux ; & de fon côté, le propriétaire peut augmenter fon revenu fans vexer fon fermier. Mais ce qui doit fur-tout le déterminer, c'eft que la dépenfe des enclos eft peu de chofe en comparaifon du bénéfice qu'ils procurent. C'eft une vérité que nous aurons occafion de démontrer.

Nous n'avons jufques-là confidéré que le bien-être des individus ; mais fi l'on envifage cet objet du côté politique & de l'intérêt de la Nation, que d'avantages n'offre-t-il pas ! combien n'influeroit-il point fur fon pouvoir, fa fplendeur, fa richeffe & fes forces ! quelle augmentation n'apporteroit-il point dans les revenus de l'Etat & dans la population, fi l'on fe déterminoit à enclorre & cultiver tant de terres vagues, de landes & de communes que contient ce vafte Royaume ! Le bénéfice immenfe qui en réfulteroit eft de la derniere évidence, & mérite la plus férieufe attention de la part du Gouvernement.

ARTICLE II.

De la maniere d'enclorre les Terres.

CELUI dont les terres ne font point encore enclofes, & qui, par conféquent, eft le maître de s'y prendre comme il veut, doit d'abord en faire lever le plan; c'eft le moyen de les partager plus façilement, & de les rendre à la fois agréables à la vue & commodes à fes fermiers.

S'il y fait fa réfidence, il peut de même difpofer fes foffés, fes haies & fes plantations, de maniere qu'elles contribuent à l'ornement de fon habitation.

Il n'eft dans l'agriculture rien de plus profitable que les enclos; c'eft le premier objet qui doit naturellement fe préfenter à l'imagination du cultivateur, puifque c'eft le feul qui peut lui affurer le fruit de fon labour. Une bonne haie peut défendre fes moiffons de toute injure extérieure, ainfi un fermier éclairé fur fes intérêts ne doit rien négliger pour déterminer le propriétaire à cette dépenfe; & fi elle eft déjà faite, il doit apporter fes foins pour entretenir les chofes en bon état.

Quoiqu'il foit mal de dire que, toute proportion gardée, les petites fermes font toujours louées le plus cher, & que les petits enclos donnent les récoltes plus abondantes, cependant ceux des terres que l'on deftine au labour, doivent être plus grands que ceux des pâcages, afin que le fol des premieres foit toujours fec & les grains bien airés; ce qui contribue beaucoup à les préferver de la nielle, de la rouille & de

N ij

plufieurs autres maladies auxquelles une trop grande humidité les expofe.

Il ne faut point admettre de grands arbres dans les haies qui divifent les champs, parcequ’ils donnent beaucoup d’ombre, que leurs racines s’étendent trop loin, & qu’ils font manifeftement nuifibles aux grains & aux pâturages : mais comme à d’autres égards ils font utiles & néceffaires, un propriétaire peut en border fes poffeffions & les diftribuer de maniere à leur procurer abri, chaleur & ornement.

La maniere la plus ufitée d’enclore les terres en Angleterre, eft de les entourer d’un foffé avec une levée plantée d’une haie d’aube-épine, de pommier fauvage, d’épine noire, mais plus communément d’épine blanche.

Avant de fixer fon choix fur l’un de ces arbriffeaux, il convient de faire attention à la nature du fol, & examiner quelle efpece peut mieux lui convenir. On doit auffi avoir égard au terrain d’où on les retire ; car s’il étoit meilleur que celui où on les tranfplante, ils profpéreroient difficilement : ceux qu’on aura élevés fur quelque portion du terrain qu’on leur deftine, croîtront toujours mieux que d’autres, & après eux, ceux qui viennent d’une pépiniere.

Je confeille de préférer l’épine blanche ou noire & le pommier fauvage, pour la clôture extérieure des bons terrains, mais je n’adopte pas l’ufage de les marier.

L’épine blanche n’eft point rare ; elle eft dure & réfifte fort long-tems ; taillée à propos, elle forme les haies les plus fortes & les plus ferrées ; & eft préférable pour les clôtures extérieures & pour la divifion des champs expofés aux injures du bétail, &c.

On peut la planter de bouture ou la femer ; mais la premiere méthode eft la plus en ufage, parce que lorfqu'on la
feme dans l'endroit où on veut former fa haie, elle ne leve
qu'au printems de la feconde année ; elle fe plaît dans les terres
legeres, excepté les fables ou un terrain graveleux.

La noire, ainfi que le pommier fauvage, forment encore de
très-bonnes clôtures : on préfere auffi de les planter de bouture ; mais fi l'on en feme les pépins, il faut leur laiffer la partie du fruit qui les environne, & que les Anglois appellent
pommace, parce qu'alors ils pouffent dès la premiere année.

L'épine noire n'eft pas autant eftimée que la blanche pour
les clôtures extérieures, parce qu'elle eft plus fujette à courir
fous terre, & plus lente à pouffer ; mais d'un autre côté,
elle eft préférable à la blanche, & même à tous autres arbriffeaux, pour faire des haies mortes ou réparer des bre-
ches : elle eft auffi moins fujette à être broutée par les beftiaux : elle profpere beaucoup dans les terres graffes, mais
elle s'accommode de même de celles qui conviennent à l'é-
pine blanche.

Le houx forme d'excellentes clôtures & préférables à toutes
les autres : il eft vrai qu'il a de la peine à s'élever, & qu'il
croît très-lentement ; mais on eft bien récompenfé dans la fuite
par fa hauteur, fa force & fon épaiffeur. Il fe plaît le mieux
dans les terres fortes, mais il vient auffi dans les graveleufes
& jufques parmi les pierres & les rochers ; il prend de bouture
comme l'épine blanche : on en feme de même les haies, mais
elles ne pouffent non plus qu'au printems de la feconde année. Il eft à propos de ne les femer que fur le lieu où
l'on veut former fa haie ; & il faut avoir foin de farcler

avant qu’elles fortent de terre, & de continuer jufqu’à ce que la haie foit affez grande pour étouffer d’elle-même les mauvaifes herbes.

L’aune planté fur une levée au pied de laquelle coule une riviere ou un ruiffeau, forme une excellente clôture. Il foutient la terre par la quantité de racines qu’il jette continuellement, & qui font d’une grande reffource pour garantir le terrain contre la rapidité du courant, & il fuffit d’en couper les branches longues de dix ou douze pieds, & de les enfoncer en quinconce fur le penchant de la levée, pour avoir bientôt une clôture, qui, fans être très-forte, donne beaucoup d’abri.

Les foffés que l’on creufe au pied des haies doivent être faits de maniere que, fur trois pieds de profondeur, ils aient fix pieds d’ouverture par le haut, & dix-huit pouces feulement dans le fond. Si les côtés étoient moins inclinés, un dégel ou une forte pluie les dégraderoient, & des foffés moins larges fe trouveroient bientôt comblés, dans l’automne, par la chûte des feuilles & les mauvaifes herbes, & feroient d’ailleurs infuffifans pour garantir la haie des injures du bétail.

Pour qu’une haie foit folide & dure long-tems, il faut planter fur le côté où on veut faire levée, des boutures de la groffeur d’un tuyau de plume à écrire, & en couper la tête à quatre ou cinq pouces de la racine; il faut auffi que ces boutures foient nouvellement déplantées, qu’elles foient droites & aient beaucoup de racines. On forme la bafe de la levée avec une partie des gazons qu’on s’eft procurés en creufant le foffé, & l’on obferve de les mettre à l’envers & de les couvrir enfuite avec la meilleure terre, pour former

une efpece de couche pour les boutures : on y range celles-
ci la tête élevée, mais un peu inclinée d'un côté, & à un
pied de diftance l'une de l'autre, après quoi on les recouvre
avec de la terre fur laquelle on met encore du gazon qu'on
recouvre également de nouvelle terre ; la levée fe trouve
avoir alors environ un pied de hauteur. On recommence
à planter de la même maniere un fecond rang de boutures,
mais pofées vis-à-vis le milieu de chaque intervalle des premieres, & la tête tournée en fens oppofé, de façon qu'elles
fe croifent à mefure qu'elles pouffent. On recouvre ce fecond rang comme le premier, & l'on couronne la levée
avec ce qui refte de terre provenant du foffé ; après quoi
l'on plante une haie morte de l'autre côté pour prévenir les
approches du bétail.

Pour faire une haie morte, on enfonce dans la terre nouvellement remuée, & jufqu'à ce que l'on ait atteint celle qui
ne l'a point été, des perches éloignées d'environ un pied
& demi l'une de l'autre ; le chêne eft le meilleur bois pour
cet ufage, & après lui l'épine noire, le faule, &c. Lorfque
ces perches font ainfi fixées, on met au pied des touffes des
branchages, que l'on a foin de ne pas tenir trop ferrées, parce qu'elles pourriroient : on liaifonne enfuite la tête de la
haie, au moyen de branches qu'on entrelaffe avec les perches ;
& pour lui donner encore plus de folidité, on l'étaie de
chaque côté & par intervalles avec des bâtons qui lui
fervent d'arcboutants, & l'on finit par raffurer les perches que
ces différentes opérations peuvent avoir ébranlées.

Il faut farcler conftamment au pied de la haie vive, en écarter
le bétail, & au mois de Février, la couper à un pouce de

terre ; elle en devient plus forte & pouffe davantage l’été d’a-
près. Le vrai moyen de la garantir des injures du bétail, c’eft
de bien entretenir le foffé & la haie morte.

Pour faire une bonne haie, il n’eft pas toujours néceffaire
d’avoir deux rangs de boutures. On en voit tous les jours
de très-folides qui n’en ont qu’un. On remarque auffi que
lorfqu’on coupe au pied les anciennes haies d’épine blanche
ou noire, elles donnent une infinité de jets fi forts & fi
garnis de piquants, qu’aucun animal ne tente de les forcer.
Ceci provient de la quantité des racines dont le tronc eft pourvu, & qui fourniffent aux nouvelles branches une nourriture abondante. Il en eft de même des arbres fruitiers lorfqu’on
les taille très-courts; ils acquierent une vigueur confidérable,
& donnent beaucoup plus de bois qu’auparavant. Par l’amputation de leurs branches, les racines fe trouvent chargées
d’une furabondance de feve qui cherche à s’épandre de tous
côtés, & l’on fait que de la proportion entre les racines & les
branches, dépendent la force & la vigueur des végétaux. Un
fimple rang d’arbuftes eft auffi plus facile à foigner que plufieurs qui fe preffent & fe croifent : il doit donc croître
plus vîte & fe fortifier davantage.

La force d’une haie faite de cette maniere, ne dépend
pas tant des branches que du tronc de l’arbriffeau. Lorfqu’ils
font plantés affez près les uns des autres, ils forment un re-
tranchement impénétrable. Dans une haie épaiffe, il faut huit
ou neuf ans à l’épine blanche ou noire pour acquérir un
pouce de diametre : c’eft ce qu’on peut voir en les coupant par
le milieu, & comptant le nombre d’anneaux, dont chacun
eft la pouffée d’un an. Au contraire, un feul rang bien
foigné

foigné n'a befoin que d'un peu plus de moitié de ce tems pour parvenir au même degré. On peut donc planter des bou- tures à fix pouces de diftance l'une de l'autre ; & en peu d'an- nées elles feront tellement ferrées, qu'aucun animal ne pourra les forcer, fur-tout fi l'on a eu foin d'entrelacer les branches.

Mais les meilleurs retranchemens de tous fe font avec des arbres de plus haute venue que l'épine ou le pommier fau- vage, & plantés fur une même ligne & fur une levée. Tous ceux dont la tige eft droite font propres à cet ufage, & l'on doit mettre au premier rang l'orme & le hêtre. L'orme fur-tout eft préférable, parce qu'il vient d'une maniere uni- forme & à peu près à la même élévation. Il n'eft pas rare d'en voir des haies élevées de trente & quarante pieds de hauteur, & fi ferrés que les troncs fe touchent prefque. Il n'y a point d'animal qui puiffe forcer une pareille clôture.

Au furplus, il n'eft pas néceffaire qu'ils atteignent ce degré d'élévation. Il eft bon de les étêter à dix ou douze pieds de hauteur & d'en tailler les branches. Ils forment alors une paliffade impénétrable, & qui procure de l'abri fans aucun inconvénient pour les champs voifins.

Le genêt épineux eft bon pour les terres légeres où peu d'arbuftes réuffiroient : on en feme ordinairement un ou deux rangs fur la tête de la levée vers l'automne, ou dès le commencement du printems ; mais de cette maniere il eft trop étouffé & s'affoiblit en croiffant. Il jette des racines peu profondes, meurt en différens endroits, & n'eft plus alors d'une grande utilité. La meilleure méthode eft d'en femer fur une levée forte, comme il a été dit ci-devant, deux rangs très-minces à un pied d'intervalle l'un de l'autre,

O

& six pouces de diftance du bord. Lorfqu'ils ont pris la moitié de leur croiffance, on coupe vers le mois d'Octobre l'un des deux rangs à rez de terre. Il repouffe bientôt, & lorfqu'il a atteint à peu près la moitié de la hauteur qu'il avoit précédemment, on coupe l'autre rang comme on avoit fait le premier. On continue ainfi de couper alternativement, enforte que la levée n'eft jamais nue; & comme, fuivant cette méthode, on n'attend point pour couper ces arbuftes qu'ils foient devenus vieux, on a toujours du jeune bois.

QUATRIEME PARTIE.

ARTICLE PREMIER.

Histoire naturelle de la Brebis.

L'HISTOIRE naturelle de la brebis semble devoir trouver place dans un Ouvrage dont le principal but est de faire connoître les avantages d'une meilleure éducation de cet animal. Mais comment se flatter de fixer l'attention du Lecteur sur un sujet traité de nos jours avec tant d'intérêt, & sur lequel il semble que M. de Buffon n'ait laissé rien à desirer ? Cette considération eût suffit, sans doute, pour nous arrêter, si d'un autre côté nous n'eussions été emportés par la nécessité de réunir ici sous un même point de vue, tout ce qui concerne un animal aussi utile. Nous avons cru pouvoir concilier ces difficultés, en suivant pas à pas ce grand homme : nous rendrons ainsi à sa supériorité l'hommage qu'elle mérite, & nous nous contenterons d'ajouter quelques faits qui paroissent avoir échappé à ses recherches, & que nous croyons dignes d'être receuillis.

La *brebis* est un quadrupede à pied fourchu : on appelle ainsi la femelle du *bélier*, & tous deux ils portent le nom d'*agneau*, pendant les premiers tems de leur vie; celui de *mouton* se donne au bélier, lorsqu'il a été coupé ; il se donne aussi collectivement à l'espece entiere, & l'on appelle en général troupeau

de *moutons* , un certain nombre de brebis ou de béliers , réunis fous la garde d'un même berger.

Le bélier porte fur fa tête des cornes contournées en forme
de demi-cercle, & quelquefois auffi en fpirales ; il y a cependant des béliers qui n'ont point de cornes , tandis que l'on voit
des brebis qui en ont.

Il n'eft point d'animal fur qui le climat , la nourriture & la
main de l'homme aient une influence plus marquée que fur le
mouton : foible en comparaifon des autres efpeces, muni
d'armes peu fufceptibles de défenfe, incapable de fupporter de
grandes fatigues , il deviendroit bientôt la proie des animaux
carnaffiers , s'il étoit abandonné à lui-même ; & quand on confidere, que tandis qu'on trouve dans les déferts des chevaux,
des ânes & des taureaux fauvages , on n'y trouve point de brebis , on feroit tenté de croire, dit M. de Buffon , que dès les
commencemens , cette efpece a été confiée à la garde de l'homme ;
qu'elle a eu befoin de fa protection pour fubfifter, & de fes
foins pour multiplier ; que ce n'eft que par fon fecours qu'elle
a duré , dure & pourra durer encore, & qu'enfin , elle ne
fubfifteroit pas par elle-même.

Mais fi la nature ne l'a pas produite telle que nous la voyons
aujourd'hui , c'eft donc parmi les animaux fauvages qu'il faut
chercher l'efpece primitive. M. de Buffon a fait, fur cet objet,
les plus belles recherches, & a trouvé dans le *moufflon* tous
les caracteres qui peuvent le faire confidérer comme la fouche
de toutes les brebis domeftiques des pays étrangers, & de la
nôtre. Cet animal fe trouve dans les montagnes de Grece, dans
les ifles de Chypre, de Sardaigne , de Corfe, & dans les déferts de la Tartarie. Il exifte dans l'état de nature ; il fubfifte &

fe multiplie fans le fecours de l'homme ; il a la tête , le front ,
les yeux & toute la face du bélier ; il lui reffemble auffi par la
forme des cornes , & par l'habitude entiere du corps ; enfin il
produit avec la brebis domeftique , ce qui feul fuffiroit pour
démontrer qu'il eft de la même efpece , & qu'il en eft la fouche. La feule difconvenance qu'il y ait entre le moufflon &
nos brebis , c'eft qu'il eft couvert de poil & non de laine ;
mais les obfervations apprennent qu'on ne doit point regarder
la laine comme un caractere effentiel : elle n'eft qu'une production occafionnée par le climat tempéré ; car ces mêmes brebis tranfportées dans les pays chauds, y perdent leur laine &
s'y couvrent de poils ; & tranfportées dans des pays très-
froids , leur laine y devient auffi groffiere & auffi rude que du
poil. D'ailleurs , dit M. de Buffon , lorfqu'on fait accoupler
le bouc avec la brebis domeftique , le produit eft une efpece de
moufflon , car c'eft un agneau couvert de poil. Ce n'eft point
un mulet infécond , c'eft un métis qui remonte à l'efpece originaire , & qui paroît indiquer que nos chevres & nos brebis
domeftiques ont quelque chofe de commun dans leur origine ;
& comme nous avons reconnu , par expérience , que le bouc
produit aifément avec la brebis , mais que le bélier ne produit
point avec la chevre , il n'eft pas douteux que dans ces animaux toujours confidérés dans leur état de dégénération & de
domefticité , la chevre ne foit l'efpece dominante , & la brebis
l'efpece fubordonnée , puifque le bouc agit avec puiffance fur
la brebis , & que le bélier eft impuiffant à produire avec la
chevre : ainfi notre brebis domeftique eft une efpece bien plus
dégénérée que celle de la chevre , & il y a tout lieu de croire
que fi l'on donnoit à la chevre le moufflon au lieu du bélier

domeſtique, elle produiroit des chevreaux qui remonteroient à l'eſpece de la chevre, comme les agneaux produits par le bouc & la brebis, remontent à l'eſpece du bélier.

D'après ces conſidérations, M. de Buffon regarde la brebis du nord à pluſieurs cornes, dont la laine eſt rude & fort groſſiere; la brebis d'Iſlande, de Gothlande & de Moſcovie, dont la laine eſt également dure; notre brebis dont la laine eſt très-fine dans les climats doux de l'Eſpagne & de la Perſe, mais qui dans les pays très-chauds ſe change en poil plus ou moins rude; la brebis à groſſe queue, dont la laine eſt auſſi fort belle dans les pays tempérés, tels que la Perſe, la Syrie, l'Égypte, mais qui dans des climats plus chauds ſe change en poil plus ou moins rude; la brebis de Crete, qui porte de la laine comme les nôtres & leur reſſemble, mais dont les cornes ſont droites & cannelées en vis; & enfin l'*adimain* ou grande brebis du Sénégal & des Indes, qui nulle part n'eſt couverte de laine, & porte au contraire un poil plus ou moins court & plus ou moins rude, ſuivant la chaleur du climat, comme des variétés d'une ſeule & même eſpece, qui certainement produiroient toutes les unes avec les autres; variétés entiérement dépendantes de la différence du climat, du traitement & de la nourriture, & dont la ſouche primitive & commune de toutes, eſt le moufflon.

L'expérience, dit M. Valmont de Bomare, a toujours démontré que les moutons ne ſouffrent point d'altération en paſſant d'un pays chaud dans un pays froid, mais qu'il en eſt tout autrement, lorſqu'on les tranſporte d'un climat froid ſous un ciel beaucoup plus chaud. C'eſt ainſi que les Eſpagnols, & après eux les Anglois & les Suédois, ſont parvenus à ſe procurer de bonnes races : c'eft ainfi que la France, fituée fous un climat heureux, pourroit s'affurer les mêmes avantages, foit en tirant d'Efpagne des moutons d'une meilleure efpece, foit en s'appropriant celle d'Angleterre, accoutumée à un climat & un fol parfaitement femblables à ceux de Normandie.

Une autre obfervation non moins importante, eft que les bonnes races d'Efpagne & d'Angleterre font plus fortes, plus intelligentes & plus courageufes que la race commune de nos moutons de France, que M. de Buffon nous peint avec raifon, comme les quadrupedes les plus ftupides & qui ont le moins de reffource & d'inftinct ; enforte qu'il paroîtroit que le moufflon dégéneré dans les pays chauds, & paffant fucceffivement dans des climats plus tempérés, eft moins éloigné de la nature, que le moufflon dégéneré dans des pays froids & fuivant une mar-che oppofée. L'on peut encore en conclure, que la brebis, foit d'Efpagne, foit des autres pays fitués fous un climat tem-péré, eft, relativement à notre utilité, dans le meilleur état où la domefticité puiffe porter le moufflon dégénéré.

L'on eft quelquefois obligé, mais rarement, d'aider les mou-tons anglois à leur accouchement. Elles avortent quelque-fois, & un coup de tonnerre fuffit pour caufer cet acci-dent.

Une opinion généralement répandue, & que M. de Buffon cite, eft qu'il feroit dangereux de laiffer tetter à l'agneau le premier lait contenu dans les mammelles de fa mere, parce que, dit-on, ce lait eft gâté. M. Valmont de Bomare n'en croit rien, & non-feulement nous penfons comme lui, mais même nous fommes portés à croire que l'on fait beaucoup de tort à l'agneau en l'en privant. Ce lait eft, à la vérité, plus féreux que celui qui lui fuccede, mais c'eft en cela même qu'il eft meilleur pour l'animal nouveau né. Au refte, il ne faut pas s'étonner que des payfans, imbus du préjugé fi général & fi pernicieux, que le lait des femmes n'eft bon pour l'enfant que le troifieme jour, & accoutumés à juger de tout par analogie, aient cru devoir affujettir la brebis à la même regle. De tout tems les animaux domeftiques ont partagé avec nous les inconvéniens de la fociété, & comme nous ils ont été, quant au phyfique, victimes de l'ignorance & des préjugés.

De tous les quadrupedes dans l'état de domefticité, le mouton eft, fans contredit, le plus délicat. Nous nous étendrons particuliérement dans les chapitres fuivans, fur ce qui concerne fon éducation; c'eft pourquoi nous nous contenterons de dire ici en général, que prefque toutes les maladies auxquelles il eft expofé, ne proviennent que du défaut de foin, ou de la mauvaife qualité des pâturages. Tous les livres qui ont été écrits fur cette matiere, traitent fort au long de ces maladies, & indiquent beaucoup de remedes; mais c'eft moins à guérir qu'à conferver ces animaux en fanté, qu'il faudroit furtout s'attacher. Les bergers Anglois ne connoiffent qu'une feule maladie dangereufe qu'ils nomment *la pourriture*, & qui s'appelle auffi le *tac*; encore cette maladie ne provient-elle que d'un manque de foins ou de quelque vice dans les fourrages; mais s'ils parviennent à garantir leurs troupeaux de tous les accidens dont nous nous plaignons, c'eft à leur maniere de les foigner & de les nourrir, & non à des remedes qu'ils doivent un fi grand avantage.

L'ufage où l'on eft en France de tenir en hiver les moutons renfermés dans l'étable pendant toute la nuit, & fouvent pendant

dant des jours entiers, est une des causes les plus puissantes de leurs maladies, & influe à la fois sur leur tempérament, & sur la qualité de leur laine. Ainsi entassés les uns sur les autres dans un air stagnant & échauffé, leurs pores s'ouvrent, la transpiration devient abondante ; & lorsque le lendemain on leur permet de sortir, ils sont exposés à tous les incovéniens d'une transition subite d'un air chaud à un air très-froid. L'on sait assez que telle est la cause d'une partie des maladies qui nous affligent. Pourquoi n'auroit-elle pas le même effet sur les animaux ?

Le mouton est pour l'homme l'animal le plus précieux, celui dont l'utilité est la plus immédiate & la plus étendue. Seul il peut suffire aux besoins de premiere nécessité ; il fournit tout à la fois de quoi se nourrir & se vêtir, sans compter les avantages particuliers qu'on sait tirer du suif, du lait, de la peau & même des boyaux, des os & du fumier de cet animal, auquel il semble, dit M. de Buffon, que la nature n'ait, pour ainsi dire, rien accordé en propre, rien donné que pour le rendre à l'homme.

Les parties du mouton dont on fait usage en médecine, sont le fiel, la cervelle, la crasse que l'on tire de la laine avant que de la laver, la laine crue ou non-lavée, la graisse, les poumons, la coëffe, la fiente, l'urine, la vessie, la tête, les pieds, les os réduits en cendres & la pressure.

La cervelle du bélier est bonne pour empêcher l'excès de l'assoupissement dans les maladies épidémiques, & pour faciliter la dentition.

Son fiel relâche le véntre : appliqué extérieurement, il guérit le carcinome. Il eſt bienfaiſant dans la purrulence des oreilles. Celui de l'agneau ſoulage dans l'épilepſie.

La craſſe que l'on tire de la laine non lavée, eſt émolliente, réſolutive, échauffante, anodine, bonne dans les luxations, les contuſions, &c.

La laine des agneaux tempere & amollit les tumeurs du col. La laine crue des brebis eſt échauffante, émolliente, lénitive, & a les mêmes propriétés que la craſſe qu'on en tire.

La graiſſe priſe dans du vin rouge arrête les hémorragies, guérit la diarrhée, la dyſenterie & les tranchées.

Les poumons appliqués ſur la tête en calment la douleur & la chaleur exceſſive, ſuſpendent le déſordre & l'agitation des eſprits, ſont ſalutaires dans les inſomnies, &c.

La coëffe appliquée chaude, appaiſe la colique.

La fiente eſt rafraîchiſſante, deſſicative, apéritive & diſ- cuſſive, &c.

L'urine priſe en boiſſon, chaſſe les eaux dans l'anaſar- que.

Les cendres de la veſſie ſont ſalutaires dans l'incontinence d'urine.

La tête, les pieds bouillis, produiſent de bons effets dans les atrophies & les contractions.

Enfin, les os d'agneau réduits en cendres, conſolident les plaies, & la freſſure fait cailler le lait, & guérit, dit-on, la morſure de certains animaux vénimeux.

Les moutons aiment beaucoup le ſel : j'en ai vu ſouvent lé- cher avec avidité le galet que la mer laiſſoit découvert en ſe re- tirant. On a auſſi obſervé que quelques troupeaux avoient été garantis de maladies contagieuſes par l'uſage du ſel. Je me ſuis informé souvent à des payfans très-âgés , & habitant les côtes de Normandie, s'ils fe reffouvenoient que quelque maladie épizootique eût jamais ravagé leurs cantons ; tous m'ont affuré n'en avoir aucune connoiffance. Le fel produit un merveilleux effet fur les beftiaux ; il leur facilite leur digeftion, & ils extraient de la même quantité d'herbes une plus grande quantité de fubftance nutritive , ce qui leur procure une plus grande abondance de lait. La laine des moutons qui ufent de fel , eft plus belle & meilleure ; leur chair eft auffi plus agréable : on en a la preuve dans les moutons qui paiffent dans les pâcages ou prés falés.

L'on avoit cru jufqu'ici que le tort que les moutons faifoient aux arbres, provenoit de ce qu'ils s'appuyoient contre ou les mordoient. Les obfervations fuivantes en indiquent une autre caufe fort extraordinaire , & qui jufqu'ici a échappé , je crois , à tous les Naturaliftes. Nous les tranfcrirons telles qu'elles nous ont été communiquées par une perfonne digne de foi , & qui fait de l'agriculture une de fes occupations favorites (1).

« Ce n'eft point en s'appuyant contre les arbres ni en les » mordant, que les moutons leur font tort. Cette opinion » très-commune eft un préjugé ; c'eft leur vapeur qui a la » vertu d'arrêter ou de comprimer la feve : en voici la preuve » dans les deux faits fuivans.

» Lorfque l'on coupe au mois de Mars les bois taillis , prin» cipalement compofés de chêne , il eft d'ufage de laif» fer debout les plus groffes branches ; & lorfque la feve

____

(1) M. le Moyne , Maire de Dieppe.

» eſt montée au mois de Mai , & a bien détaché l'écorce
» du bois , on va enlever cette écorce, que l'on nomme alors
» *tan.* Étant, il y a environ vingt-cinq ans ; à chaſſer au bord
» d'un bois dans le grand Caux , je vis les ouvriers qu'on avoit
» envoyés pour enlever cette écorce, aſſis à jouer aux cartes
» à onze heures du matin. Je ne pus m'empêcher de leur de-
» mander pourquoi ils jouoient au lieu de travailler ? *Vous*
» *n'avez donc pas vu*, me dirent-ils, *Monſieur , ce berger*
» *qui vient de paſſer avec ſes moutons.* Un troupeau venoit,
» en effet, de paſſer quelque tems avant moi le long du même
» bois : je leur demandai ce qu'avoit de commun avec eux ce
» berger & les moutons ; ils me répondirent que lorſqu'il en
» paſſoit un troupeau , il n'y avoit plus de feve dans les bran-
» ches , & qu'ils ne pouvoient plus arracher le moindre mor-
» ceau d'écorce. Je regardai cela comme un préjugé , & le leur
» dis : pour réponſe ils me préſenterent l'inſtrument , & me
» dirent d'eſſayer d'en arracher ; je le fis, & à mon grand
» étonnement , je trouvai l'écorce tellement adhérente au
» bois, que tous mes efforts pour l'en détacher furent inutiles.
» Ils m'aſſurerent que cet effet de la vapeur du mouton étoit
» une choſe connue de tous les gens de bois, & qu'il duroit
» ordinairement deux heures, après leſquelles la feve commen-
» çoit à remonter de nouveau , & leur permettoit de reprendre
» leur travail.

   » Il eſt à remarquer que les moutons n'avoient fait que
» paſſer, au nombre à peu près de deux cens , & que cepen-
» dant l'effet s'étoit fait ſentir à plus de cinquante toiſes de
» l'endroit par où ils avoient paſſé : ſans doute que le vent
» ſouffloit d'eux ſur le bois , & il eſt préſumable qu'autre-

» ment il n'eût pas été auffi fenfible. Je me fouviens auffi
» que ce taillis eft fur une pente fort rapide, enforte que
» les moutons étoient à plus de trente pieds au - deffus du
» niveau des plants de chêne fur lefquels j'avois remar-
» qué le phénomene; ce qui me furprit, attendu que les
» vapeurs s'élevent ordinairement, & que fi ce que je
» voyois étoit caufé par celle des moutons, il falloit qu'elle
» eût defcendu.

» J'ai depuis ce tems demandé à différentes perfonnes tra-
» vaillant dans les bois, fi cet effet leur étoit connu : tous,
» fans exception, m'en ont attefté la vérité. J'attribue de-
» puis ce tems à cette feule caufe, le dépériffement des pom-
» miers dans les herbages du pays de Caux où l'on met des
» moutons, & non à leur dent. J'ai vu, en effet, de jeunes
» pommiers autour defquels on avoit mis quantité de ronces
» & d'épines à travers lefquels le mouton ne pouvoit mor-
» dre, & qui périffoient comme les autres, lorfqu'ils en
» étoient fréquemment vifités en été.

» M. de M***, demeurant à Caen, & Membre de la
» Société d'Agriculture, à qui j'ai demandé s'il connoif-
» foit ce phénomene, m'a répondu que oui; qu'il n'étoit
» ignoré de perfonne en Normandie, & m'a cité cette ex-
» périence qu'il en avoit faite.

» Étant au Château d'un de fes amis, le Jardinier fe
» vantoit d'être le plus habile du pays pour la greffe à l'é-
» cuffon; & quoiqu'en Normandie elle réuffiffe peu, il af-
» furoit qu'il n'en manquoit pas une. La préfomption de
» cet homme engagea M. de M*** à dreffer une batte-
» rie contre fon amour propre; il lui témoigna le defir

» qu'il avoit de le voir opérer ; & le jour pris pour écuf-
» fonner, après le déjeûner, un certain nombre de fauva-
» geons dans la pépiniere, il prit le moment où le Jardi-
» nier étoit entré pour déjeûner, & détachant deux mou-
» tons que la Dame du Château avoit mis dans les gazons
» du parterre pour pâturer, il alla les attacher au pied des
» fauvageons qui devoient être écuffonnés, & eut foin de
» les reconduire à leur premiere place avant que le Jardi-
» nier eût fini de déjeûner. Bientôt celui-ci arriva fon greffoir
» à la main ; & d'un air triomphant, il fe mit en devoir de
» commencer fa befogne ; mais quelle fut fa furprife & fon
» humiliation, quand ayant porté le coup de couteau dans
» l'écorce, il ne put jamais la détacher du bois ; il tenta fur
» plufieurs, & ne réuffit fur aucuns : cependant le vent étoit
» bon, le tems chaud, & la feve devoit être en mouvement ;
» le Jardinier n'avoit par conféquent aucune excufe ; & ne fa-
» chant à qui s'en prendre, il abandonna fa tentative avec con-
» fufion. On le badina tout le jour, mais le lendemain on lui
» rendit juftice : on lui avoua le tour qu'on lui avoit joué, &
» on le fit écuffonner les mêmes fauvageons dans lefquels la
» feve étoit remontée ; ce qu'il fit avec beaucoup de faci-
» lité ».

L'on voit dans ces deux faits une nouvelle preuve de la néceffité d'enclorre les terres, pour empêcher les moutons de divaguer & de s'approcher des arbres fruitiers. Il en réfulteroit, d'ailleurs, un avantage pour ces animaux, en ce qu'ils
ne feroient plus expofés à manger toute forte d'herbes groffieres
& fouvent malfaifantes.

ARTICLE II.

Des différentes especes de moutons Anglois ; & par quels moyen l'Angleterre & la Suede sont parvenus à se procurer de bonnes races de ces animaux.

V OICI un objet de la plus grande importance. La laine que nous fournissent les Anglois, est la base de nos Manufactures ; & si nous perdions la possibilité de nous en procurer, le commerce languiroit, & nous perdrions bientôt la préférence que nous avons acquise chez l'étranger sur les Anglois.

Dans la vue de prévenir un si grand malheur, je propose d'introduire dans ce Royaume l'espece de moutons si importante pour la Grande-Bretagne, & à laquelle elle doit en grande partie sa puissance & sa splendeur.

Je ferai connoître les différentes especes de ces animaux. Toutes ne donnent pas des laines également précieuses & utiles à nos Manufactures ; mais celles qui n'ont pas cet avantage, ont celui de donner des viandes exquises ; & sous ce point de vue, elles sont très-recommandables & méritent d'être aussi introduites dans ce Royaume.

Les Anglois ont cinq différentes especes de moutons ; deux sont petites, sauvages, mal couvertes & indociles ; le peu de laine qui les couvre est dur, presque bonne à rien ; mais en revanche, leur viande est d'une delicatesse extrême; ces animaux vivent fur des rochers où croiffent à peine quelques herbes. C'eſt dans la partie montagneufe de la Principauté de Galles, &c. que l'on en trouve le plus.

Il y a une autre petite efpece de moutons remarquable par leur figure noire; leur toifon eſt fort mince, mais leur laine furpaffe toutes les autres en beauté; & fi la quantité eſt petite, la qualité en dédommage bien. Des pâturages arides, des terrains ſtériles & découverts, font bons pour cette efpece fiere & hardie : elle a la chair courte & fucculente.

L'efpece que l'on appelle *Lincolnshire breed*, eſt en tout oppofée à celle-ci. Ces moutons font très-gros, lourds & grands; leurs membres font forts & leur démarche fiere. Ils ont beaucoup de laine, mais très-dure; ils aiment les marais falés, & ne fe portent jamais bien que dans les pâturages marécageux, voifins de la mer. Il leur faut beaucoup de nourriture; la viande en eſt longue, mais elle n'eſt pas bien bonne, & nulle part on en fait grand cas.

Il y a une derniere efpece qui tient le milieu entre ces deux-ci, & qui en général mérite de leur être préférée. Ces moutons font grands, forts & gros, mieux faits qu'aucuns autres, & plus chargés d'une laine qui n'eſt pas, à la vérité, auffi parfaite que celle de la petite efpece à figure noire, mais qui eſt beaucoup préférable à celle de l'efpece *Lincolnshire.* Au furplus, la grande quantité qu'en donne ces moutons, dédommage amplement de fa qualité. Ils fe trouvent bien des pâturages ordinaires, & mangent volontiers toutes fortes d'herbes, mais il leur en faut abondamment.

C'eſt cette efpece que je préfere pour introduire en France. Je fai qu'il exiſte en faveur des moutons de *Lincolnshire,*

un

un préjugé fondé fur la perfuafion où font plufieurs perfonnes ,
que leur laine eft plus longue & plus belle que celle de cette
efpece ; mais c'eft une erreur : cette derniere ayant à cet égard
tous les avantages qui manquent à l'autre en longueur & en
fineffe. De plus, les moutons de *Lincolnshire* ont un inconvénient infurmontable ; c'eft qu'il eft impoffible , même en
Angleterre, de les empêcher de dégénérer , lorfqu'on les retire des pâturages abondans ou des marais falés. Ils mangent
prodigieufement , & fi on les borne une fois dans leur
nourriture , & qu'on en change la qualité , ils dépériffent peu
à peu , font attaqués de maladie & meurent.

Je dois obferver ici que telle que foit l'efpece des moutons ,
cet animal fouffre beaucoup lorfqu'on lui retire une forte pâture pour lui en donner une qui l'eft moins. Je n'ai befoin pour
le prouver , que d'en appeller à l'expérience de M. Trudaine ,
qui ayant fait venir dans fes terres une certaine quantité de ces
moutons, les vit peu de tems après leur arrivée , attaqués
d'une maladie dont la plus grande partie mourut.

La nourriture eft un objet fi effentiel au bien-être des moutons, qu'il mérite la plus grande attention , & je fuis fermement perfuadé que les mauvais petits moutons de France
pourroient devenir beaucoup meilleurs , s'ils étoient
bien foignés & bien nourris : je ne crains pas de voir cette
affertion combattue, & ne parle ici que d'après l'expérience.

Il y avoit lieu de craindre que les forts pâturages ne nuifif-
fent à la bonne qualité de la laine ; mais l'expérience a décidé
la queftion en leur faveur, au moins pour ce qui eft de la grande
efpece de moutons ; fi la petite eft à la proximité des hauteurs ,
elle y profitera bien , & il eft très-probable que fa laine fera

Q

plus belle que si ces moutons euffent été toujours dans des pâturages plus gras.

Les grands moutons de Lincolnshire ne peuvent se paffer entiérement de leur pâture naturelle, c'eft-à-dire des marais falés ; mais dans les faifons arides, ils fe trouvent très-bien des prairies artificielles.

L'efpece de moutons que je préconife eft celle qui réunit le plus d'avantages, foit du côté de la laine ou de celui de la viande : elle a particuliérement befoin de pâture artificielle, ou des prairies très-fortes, telles que celles de *Romney-Marsh* d'où elles viennent. J'ai indiqué celle que l'expérience a montré lui convenir le mieux ; mais qu'on me permette une remarque à cet égard : c'eft que le plus ou le moins de richeffe du fol fur lequel on veut nourrir des moutons, doit décider de la race qui lui convient le mieux. Or, cette différence de fol produifant une grande variété de races, il eft facile à chacun de choifir & de fe régler fur la nature de fon terrain. Il faut les plus grandes précautions dans ce choix, & beaucoup d'attention dans celui de l'individu ; car tous ne font pas également beaux, quoique de la même race, & l'on s'expofe à perdre la moitié de fon bénéfice par un défaut de connoiffance ou d'attention dans ce premier choix, ou par négligence & manque de foins dans la fuite. Une erreur eft alors d'autant plus fatale, qu'elle eft irréparable, & qu'il n'eft d'autre moyen que de recommencer fur nouveaux frais. J'ai vu dans le même troupeau des béliers vendus cinq louis d'or, tandis que d'autres de même race, mais fupérieurs en beauté & par leur forme, fe vendoient depuis 600 livres jufqu'à 800 livres.

De la force & de la beauté d'un bélier dépendent celles de tout le troupeau qu'il produira ; le choix de la brebis eft auffi de conféquence, mais il eft pourtant moins effentiel.

Perfonne en France ne s'eft montré plus convaincu de l'a-vantage que procure un bon troupeau de mouton, que M. le Marquis de Turbilly. Il nous apprend que ceux de fa Province étant d'une taille fort petite, & ne donnant que fort peu de laine, il fit venir du bas-Poitou, en 1753, deux beaux béliers de la grande efpece appellée *flandrine*, qui lui donnerent des agneaux beaucoup plus forts qu'aucuns autres du pays. Plufieurs mâles vinrent prefqu'auffi beaux que leurs peres, & il les vendit à fes voifins. Il en eft provenu une race bâtarde qui fe multiplie beaucoup, & qui, quoique moins grande que la flandrine, donne plus & de meilleure laine que celle du pays. M. de Turbilly paroît perfuadé qu'il eft poffible d'empêcher cette race bâtarde de dégénérer; & en effet, une bonne nourriture, une nourriture convenable & quelques foins fuffifent pour cela.

Le *mouton a les pieds d'or*, difent *les Suédois*, pour expri-mer le cas qu'ils font de cet animal. En effet, aucun n'eft à l'homme d'une utilité auffi générale. La laine, la chair, la peau, le lait, les inteftins, la fiente, l'urine, tout en lui eft bon à quelque chofe.

Cet animal eft une vraie fource de richeffe : celle des Monafteres & de la Nobleffe d'Angleterre confiftoit autrefois' en laines ; c'étoit, dans ce tems, le principal article de com-merce & l'objet fur lequel portoient les fubfides, les aides & tous les impôts que l'adminiftration intérieure, les dépenfes politiques du dehors & l'entretien des armées rendoient né-ceffaires.

En Efpagne, *le troupeau royal* rapportoit autrefois un re-

venu confidérable , & fes Rois l'appellent dans leurs Ordonnances , *le précieux joyau de la Couronne*. Anciennement ce
joyau en dépendoit en effet, & pendant long-tems ils ont été
Seigneurs de tous les troupeaux : de-là ce grand nombre d'Ordonnances, de Loix pénales, de privileges & d'immunités
prononcées fous différens regnes pour la confervation & la direction des moutons : de-là auffi l'origine de la commiffion
établie fous le titre *de Confeil du grand troupeau royal*, laquelle exifte encore aujourd'hui , quoique le Roi n'ait plus un
feul mouton en propre. Des befoins d'État obligerent , à différentes époques, d'aliéner plufieurs portions du troupeau royal
avec tous fes privileges , & ceux-ci furent publiés en 1731
fous le titre de *Loix du troupeau royal*, en un volume de 500
pages , grand *in-folio*.

Ce fut fous le regne & pendant les guerres de Philippe Ier ,
que furent vendus les 40,000 moutons qui formerent le dernier troupeau de la Couronne.

La richeffe & la puiffance des Anglois eft due aux foins
d'Édouard IV , qui introduifit en Angleterre des moutons
d'Efpagne provenant de ceux que Dom Pedre IVe , Roi de
Caftille , avoit originairement fait venir de Barbarie. Au bout
de deux fiecles, ils avoient un peu dégénéré ; mais le Cardi-
nal Ximènes bonifia cette race , en fe procurant de nouveaux
moutons de Barbarie , c'eft-à-dire , des moutons élevés par les
Arabes en Barbarie , & en excitant une émulation qui regne
encore aujourd'hui parmi les Efpagnols , & à laquelle eft due
l'excellence de leur laine.

Édouard IV avoit commencé , ainfi que nous l'avons dit, à
bonifier la race des moutons Anglois ; mais Henri VIII & la

Reine Élizabeth acheverent de la perfectionner, en faifant de cet objet une affaire d'État.

Des gens d'une prudence & d'une intégrité reconnues furent commis pour veiller à la diftribution des moutons de Caftille & à leur confervation; en conféquence, ils envoyerent deux de ces moutons dans chaque Village dont le fol parut propre à leur nourriture, & le foin en fut donné à des Propriétaires cultivateurs ou à des riches Fermiers auxquels, en récompenfe, on accorda des privileges particuliers; & afin de fe procurer d'autant plus vîte une quantité de bonne laine, on choifit les brebis du pays les plus belles, & on les accoupla avec les béliers Efpagnols. Cette alliance donna bientôt une race bâtarde très-fupérieure à celle du pays : l'on forma des bergers dans l'art d'élever ces moutons, & on leur diftribua des inftructions pour cet effet.

C'eft à ce même mêlange de moutons Anglois & Efpagnols, & aux différences produites par le plus ou moins de foin, ou par le défaut de connoiffance de la nourriture la plus convenable à ces animaux, que l'Angleterre doit les différentes efpeces dont nous avons parlé ci-devant.

Toute entreprife qui intéreffe de fi près le bien d'une Nation, a des droits fur la protection du Gouvernement. Sous Édouard IV, le Miniftere Anglois regarda l'introduction d'une bonne race de moutons, & le foin de leur toifon, comme un objet de la plus haute importance; mais ce qui fut alors envifagé comme une fource de richeffes, a acquis depuis une valeur bien plus confidérable à mefure que les Arts fe font perfectionnés.

Les Suédois avoient en vain effayé, fous le regne de Chriftine , de bonifier la race de leurs moutons; mais en 1725 ils repripent leur premier deffein , & en firent venir d'Angleterre & d'Efpagne un certain nombre des meilleures efpeces , qu'ils confierent à des bergers expérimentés , pour les élever de la maniere la plus propre à chacune. D'après l'exemple des Anglois , ils établirent des écoles pour l'inftruction des bergers, qui étoient envoyés enfuite dans les différentes parties du Royaume ; & ces écoles fubfiftent encore aujourd'hui. Ils accouplerent auffi les béliers étrangers avec les brebis Suédoifes, & eurent à ce moyen une race bâtarde très-recommandable , & l'effet de tous ces foins a été de fe procurer des laines , qui malgré la rigueur du climat, approchent beaucoup de la bonté de celle d'Angleterre & d'Efpagne.

Nous avons en France des moutons d'origine Efpagnole qui multiplient beaucoup en ce Royaume , enforte qu'en fuivant la méthode pratiquée autrefois par les Anglois , & adoptée enfuite par les Suédois , il feroit facile de fe procurer & de répandre par-tout une race beaucoup fupérieure à nos moutons ordinaires, tant pour la taille, l'excellence des agneaux & des béliers, la fertilité des brebis & l'abondance de leur lait , que pour la quantité & la qualité de leur laine & la bonté de leur peau. Cette race apporteroit trois fois plus de profit que celle du pays.

C'eft dans la Province de Berry & vers Beauvais, que fe trouvent les meilleurs moutons de France. Ceux de Beauvais & de quelques cantons de la Normandie , font les plus grands & les plus empregnés de fueur. En Bourgogne , ils font très-bons ; mais les meilleurs paiffent fur les côtes fablonneufes de nos côtes maritimes. On voit en Poitou des moutons qui paroiffent être d'origine étrangere; ils font plus forts, plus grands & plus couverts que l'efpece ordinaire; ils multiplient auffi davantage, & il leur arrive affez fréquemment de mettre bas deux agneaux d'une même portée, & d'agneler deux fois par an. Du mêlange des béliers de cette efpece avec les brebis de l'efpece ordinaire, il en réfulte une intermédiaire & qui participe de l'une & de l'autre.

Notre climat n'eft donc pas contraire aux races étrangeres ; & l'expérience nous prouve qu'il ne faut qu'encourager & exciter l'émulation des Fermiers pour fe procurer les meilleures.

Cette entreprife eft faite pour procurer à la Nation Françoife les plus grands avantages ; mais c'eft au Miniftere à la protéger. Les frais qui réfulteroient de l'introduction de l'efpece de moutons Anglois qui donnent la laine la plus recherchée pour nos Manufactures de draps, pourroient arrêter bien des perfonnes difpofées d'ailleurs à l'entreprendre ; car ces béliers fe vendent parmi les Fermiers eux-mêmes, jufqu'à 40 louis la piece. La France, à jamais rivale de l'Angleterre par fes forces & l'étendue de fon commerce, porteroit à celle-ci le coup le plus fatal, fi nous tournions un regard patriotique vers cet objet, & faifions nos efforts pour répandre la race de moutons Anglois dans les Provinces qui reffemblent le plus à celles où on les éleve en Angleterre. La côte de Normandie fur-tout eft fous un climat pareil, & fon fol eft abfolument le même que celui des hauteurs du Comté de Suffex & de *Romney-Marsh*. Il y a dans cette Province (la Normandie) une quantité confidérable de terrains vagues appartenans au Domaine, qui, s'ils étoient cultivés comme il faut, nourriroient des millions de moutons.

Je vais mettre sous les yeux de mes Lecteurs un état actuel du commerce de laine, du bénéfice que l'Angleterre en retire, & du tort infini qui en résulte pour la France. Cet objet considéré sous un point de vue convenable, paroîtra sans doute aussi étonnant, que fait pour mériter notre plus sérieuse attention, & nous déterminer à arrêter dans sa source un commerce aussi destructeur; créer une nouvelle branche d'agriculture, & donner toute sorte d'encouragemens à quiconque contribuera à procurer à la Nation, & sans le secours de l'étranger, une quantité suffisante de laine égale en qualité à celle dont nos Manufactures font la plus grande consommation.

On estime qu'il se consomme dans Londres 36,000 moutons par semaine, & 210,000 dans le Royaume d'Angleterre; c'est par an 10,920,000 moutons.

La quantité de moutons existante en Angleterre est évaluée à quatre fois au-dessus de la consommation, d'où l'on doit conclure qu'il existe dans ce Royaume.... 43,680,000 moutons.

On en compte en Irlande la moitié
moins, ci 21,840,000
Et le quart en Écosse, ci 10,920,000
——————

TOTAL . . . . 76,440,000 moutons.

L'Angleterre vend à la France, année commune, 285,000 balles de laine du poids de 240 livres chaque, ce qui fait au total 68,400,000 livres, lesquelles, à raison de 30 sols la livre, rapportent annuellement aux Anglois 102,600,000 liv. Or, en admettant que la toison d'un mouton pese 6 livres, il faudroit, pour fournir les Manufactures de France, 11,400,000 moutons;

moutons ; & certes il n'eſt pas difficile de s'en procurer un pareil nombre.

L'agriculture eſt la baſe de la richeſſe de l'Angleterre ; & la France, par la conſommation qu'elle fait de ſes laines, y contribue beaucoup. En adoptant le genre de culture que je propoſe, on aura donc le double avantage d'ôter à l'Angleterre une partie conſidérable de ſa richeſſe, & d'augmenter en même proportion celle de France. La population augmentera de même, & l'on conſervera les ſommes énormes que l'achat des laines enleve chaque année.

Le Roi d'Eſpagne retiroit autrefois un revenu conſidérable des troupeaux de la Couronne. Il y a en France une étendue immenſe de terrains vagues appartenans au domaine, & qui ne lui rapportent abſolument rien. Quel inconvénient y auroit-il à ce que le Roi usât du même moyen que les Eſpagnols, & ſe procurât par-là une nouvelle ſource de richeſſes ?

Jettons un coup d'œil ſur la maniere dont les Eſpagnols gouvernent leurs moutons : cette digreſſion ne ſera point étrangere à mon ſujet. Leurs uſages peuvent être utiles dans pluſieurs circonſtances ; & je les crois dignes de l'attention de mes Lecteurs.

Il y a en Eſpagne deux eſpeces de moutons ; la premiere couverte d'une laine dure & groſſiere, eſt ſédentaire toute ſa vie & preſque toujours gardée dans l'étable ; & l'autre, chargée de laine très-fine, reſte dans tous les tems expoſée à l'air, & part chaque été des montagnes du Nord de l'Eſpagne, pour ſe rendre vers le Sud dans les plaines de l'Andalouſie, la Manche & l'Eſtramadure, & y paſſer l'hiver. Les calculs les plus exacts font monter le nombre d'individus de cette eſpece à cinq millions , & l'on eſtime que la laine & la viande d'un troupeau de mille moutons rapportent de profit chaque année, environ 24 réaux par tête , ce qui fait près de 7 livres tour- nois.

Différentes Ordonnances ont été rendües , & des privi- leges & exemptions accordés pour la conſervation & gou- vernement de ces moutons , qui ſous la conduite de vingt-cinq mille hommes , vêtent , ſuivant l'expreſſion des Eſpagnols, les Rois en écarlate , & les Évêques en pourpre.

Dix mille moutons compoſent un troupeau, que l'on di- viſe en dix parties. Un ſeul homme a le gouvernement du tout; il faut pour cela qu'il ſoit actif , fort , vigilant, con- noiſſeur en pâturages & dans les maladies des moutons, & de plus propriétaire de quatre à cinq cens de ces animaux. Il a un pouvoir abſolu ſur cinquante bergers & autant de chiens , dont cinq des uns & des autres ſont répartis dans chaque diviſion.

Ces moutons paſſent l'été dans les montagnes de Leon , la vieille Caſtille, Cuença & de l'Arragon , les plus fraîches de l'Eſpagne. La premiere choſe que fait un berger, lorſque ces moutons arrivent des parties méridionales dans celles où ils doivent paſſer l'été , eſt de leur donner autant de ſel à manger qu'ils le deſirent. Le propriétaire accorde pour un troupeau de mille moutons vingt-cinq quintaux de ſel ; c'eſt la proviſion d'environ cinq mois. On ne leur en donne point pendant leur voyage ni pendant l'hiver. Ils ſont dans la perſuaſion que l'on ne peut rien retrancher de cette quantité ſans affoiblir leur tempérament & faire tort à la qualité de leur laine. Le ber- ger place cinquante ou ſoixante pierres plates environ à cinq pas de diſtance les unes des autres ; il les couvre enſuite de ſel, puis il mene doucement les moutons à travers, & les laiſſe manger à leur fantaiſie. Une choſe très-remarquable, eſt que jamais ils ne mangent un grain de ſel lorſqu’ils paiſſent ſur un ſol dont le fond eſt de pierre à chaux ; mais comme il eſt eſ-ſentiel de ne les pas laiſſer trop long - tems s’en paſſer, le berger les conduit alors dans un terrain argilleux ; & lorſ-qu’ils y ſont reſtés un quart-d’heure à paître, on les voit cou-rir d’eux-mêmes vers les pierres, & manger avec avidité le ſel qui les couvre. Leur inſtinct eſt ſi ſûr à cet égard, que s’ils paiſſent ſur un ſol mêlangé, c’eſt-à-dire qui participe à ceux dont nous venons de parler, ils mangent du ſel à proportion du plus ou du moins de pierre à chaux & d’argille qui ſe trou-vent dans ce terrain.

Sur la fin de Juillet, on lâche les béliers parmi les brebis, au nombre de ſix ſur cent des dernieres ; mais lorſque le ber-ger juge qu’elles ont été toutes couvertes, il retire les béliers & en forme un troupeau à part. Outre celui-ci, il y en a encore un autre qu’on ne mêle jamais avec les brebis. Ces béliers paiſ-ſent à part, & on les garde en faveur de leur toiſon & pour la boucherie : car quoique les moutons coupés aient une laine plus fine & une chair plus délicate que les béliers, la toiſon de ceux-ci eſt beaucoup plus longue, & peſe davantage ; auſſi voit-on peu des premiers dans le troupeau royal d’Eſ-pagne.

En général, la toiſon de trois béliers peſe 25 livres ; & il faut celle de quatre moutons coupés ou de cinq brebis des plus belles pour faire un pareil poids. Il y a de même une égale diſproportion dans l’âge auquel ils parviennent. Leur vie dépend de leurs dents ; lorſqu'elles tombent ils ne peuvent plus brouter l'herbe , & on eſt obligé de les livrer au couteau : or, les brebis perdent les dents dès l'âge de cinq ans ; les moutons coupés à ſix , & les béliers plus vigoureux les conſervent juſqu'à près de huit.

A la fin de Septembre , les bergers font diſſoudre dans l'eau une terre rougeâtre & ferrugineuſe fort commune en Eſpagne, & qui eſt une eſpece d'ocre dont ils frottent & impregnent le dos des moutons depuis le col juſqu'à la queue : c'eſt un uſage fort ancien & dont on aſſigne pluſieurs raiſons. Les uns prétendent que cette terre , en ſe mêlant avec la graiſſe de la laine, forme un vernis impénétrable au froid & à la pluie ; d'autres, que ſon poids, en forçant la laine de reſter couchée, l'empêche de devenir longue & groſſe ; & d'autres enfin , que c'eſt un abſorbant qui reçoit les parties nuiſibles de la tranſpiration , & qui gâteroient la laine & la rendroient dure & rude.

C'eſt à cette même époque que les moutons reprennent leur marche vers les plaines : elle eſt tracée par un uſage immémorial , ainſi que par les Ordonnances. Leurs journées ſont quelquefois ſi longues, que les pauvres animaux font ſouvent ſix & ſept lieues en une ſeule , pour gagner un pays ouvert où le berger marche plus lentement & les laiſſe paître & ſe repoſe , mais ſans toutefois s'arrêter ; car on ne leur donne point de repos , & leur journée eſt conſtamment de deux lieues au moins depuis leur départ juſqu'à la fin de leur voyage.

L'on compte cent cinquante lieues depuis le territoire appellé *Montacra* dans la vieille Caſtille juſqu'à l'Eſtramadure,

& ils parcourent cet efpace en moins de quarante jours. Le principal foin du chef des bergers, eft de faire attention que chaque divifion foit conduite par le même chemin que l'année précédente, & dans le même canton où les moutons font nés; & ils regardent cette précaution comme abfolument indifpenfable pour prévenir les variations dans la nature de la laine: mais ce n'eft point là la chofe la plus difficile à obferver, parce que les moutons fe rendent d'eux-mêmes vers ces lieux. Un autre foin du berger, eft de difpofer tous les foirs les claies & former les parcs où ils doivent paffer la nuit, de peur que quelques-uns ne divaguent & ne deviennent la proie des loups.

Vient enfuite le tems où les brebis mettent bas, & c'eft de toute la vie paftorale celui qui donne plus d'occupation & de travail. Les bergers féparent d'abord les brebis pleines de celles qui ne le font pas, & conduifent les premieres dans la partie la plus abritée du canton, & les autres dans celle qui l'eft le moins. A mefure que les brebis mettent bas, on les conduit avec leurs agneaux fur un bon terrain à part; enfin on fait une troifieme divifion des agneaux tardifs, & pour lefquels on a réfervé, dès-l'origine, le meilleur terrain, le plus fertile & le mieux couvert d'herbe, afin qu'ils deviennent en peu de tems auffi vigoureux que les premiers nés; ce qui eft d'autant plus néceffaire, qu'il faut qu'ils partent tous le même jour pour leur féjour d'été.

Dans le mois de Mars, les bergers font quatre nouvelles opérations; ils coupent la queue des agneaux à cinq pouces de la crouppe, pour qu'ils ne fe faliffent point; ils les marquent fur le nez avec un fer rouge; ils fcient une partie des cornes des béliers, pour qu'ils ne fe bleffent point les uns & les autres

non plus que les brebis ; & enfin ils châtrent ceux qu'ils def-
tinent à porter la fonnette & à marcher à la tête du troupeau.

Dès les premiers jours d'Avril ils s'agitent & femblent, par
différens mouvemens d'impatience, exprimer le defir de retourner dans leur féjour d'été ; les bergers ont alors befoin de
toute leur attention pour prévenir la défertion ; car on a vu
fouvent une divifion entiere, profitant dans fa marche de la
négligence des bergers, courir jufqu'à la diftance de trois &
quatre lieues, & l'on a plus d'un exemple que cinq ou fix
moutons échappés aient parcouru feuls l'efpace de cent lieues,
& n'aient été retrouvés qu'à la même place où l'année précédente ils avoient coutume de paître.

Dans cette faifon, les bergers doivent avoir le plus grand
foin d'empêcher les troupeaux de fortir de leurs parcs avant
que le foleil n'ait pompé la rofée que laiffe fur l'herbe une petite gelée blanche ; ils ne doivent pas non plus les laiffer approcher d'un ruiffeau après une ondée de grêle, car l'herbe couverte de rofée & la grêle fondue leur font extrêmement nuifibles ; & lorfqu'ils mangent de l'une & boivent de l'autre, le
troupeau en entier devient mélancolique, perd l'appétit, lan-
guit pendant quelque tems & meurt enfin : c'eft ce dont on a
vu fouvent des exemples.

Les moutons d'Andaloufie qui font toujours fédentaires, ont
une laine longue, épaiffe & dure : ceux d'Eftramadure l'ont fi
longue, qu'elle traîne par terre. Au contraire, la laine des
moutons qui voyagent eft courte, blanche & foyeufe, qualités
dues au genre de vie de ces animaux toujours expofés au grand
air. L'alternative du froid au chaud, & l'habitude d'entaffer
les moutons dans une étable, rend leur laine rude, tachée &

souvent toute noire, & cela eft prouvé par l'expérience : car fi l'on établit pendant l'hiver un troupeau de ces animaux *voyageurs*, leur laine devient à la longue auffi dure que celle des autres moutons *fédentaires*; & fi d'un autre côté l'on fait voyager ces derniers, leur laine prend, avec le tems, une qualité foyeufe, & devient auffi belle & auffi courte que celle des premiers.

Tout animal conferve toujours la couleur de celui dont il provient. L'on trouve en Efpagne de très-beaux moutons à longue laine, mais tachée; ce défaut ne fe trouve jamais dans ceux qui vivent en plein air. La tranfpiration de ceux-ci, libre, mais moins abondante, eft continuellement abforbée par le fluide qui circule autour d'eux, tandis que celle des premiers fe trouve encore provoquée par la chaleur exceffive d'un troupeau renfermé pendant une nuit entiere dans un efpace étroit.

Les porcs, en Efpagne, paffent leur vie dans les bois, & font, comme les fangliers, d'une feule couleur; jamais la foie d'un de ces animaux ne fervit à coudre un foulier.

L'on commence à tondre les moutons le premier de Mai s'il fait beau; car s'il pleuvoit, les flocons humides refteroient entaffés les uns fur les autres & pourriroient; c'eft pourquoi cette opération fe fait fous des hangards d'une grandeur prodigieufe. Il y en a même de fi vaftes, qu'ils peuvent contenir, dans le cas de pluie, jufqu'à vingt mille moutons, & coûtent plus de cinq mille livres fterling : d'ailleurs, la brebis eft d'une conftitution fi délicate, qu'on ne peut l'expofer au grand air auffi-tôt après la tonte, fans courir le rifque de la perdre.

Il faut cent vingt tondeurs pour un troupeau; chaque

homme tond douze brebis par jour, & feulement huit béliers. Cette différence ne provient pas tant du plus grand volume du corps de ceux-ci, de leur plus grande force ou d'une plus grande abondance de laine, que de ce qu'on ne leur lie point les pieds comme l'on fait aux brebis. Le bélier ne peut fouffrir cette contrainte : en vain tenteroit-on de le dompter; il fe révolte toujours & fe débat jufqu'au point d'étouffer ; auffi les tondeurs emploient-ils un autre moyen, c'eft de l'étendre doucement par terre; ils le careffent enfuite, le frottent fous le ventre, & lui dérobent fa toifon.

La veille de la tonte, on fait entrer un certain nombre de moutons dans une bergerie formant un parallélogramme de quatre à cinq cens pieds de long fur cent de large; ils y paffent la nuit auffi preffés qu'ils peuvent l'être, & de maniere qu'ils fuent abondamment. Les bergers croyent rendre par-là la laine plus douce au cizeau, dont la fueur huile le tranchant. Le lendemain matin, on leur donne de l'air, & on les conduit enfuite au grand hangard deftiné à la tonte & adjacente à la bergerie. A mefure qu'ils font tondus, le berger les enleve & les marque avec du goudron ; & comme cette opération ne peut fe faire que fur un feul individu à la fois, elle lui fournit une occafion très-favorable de mettre à part ceux qui, ayant perdu leurs dents, font bons à être vendus au boucher. Les moutons tondus vont aux champs & y paiffent un peu quand le tems eft beau, & fur le foir ils retournent dans la cour qui fe trouve devant la bergerie, & y paffent la nuit à l'abri des murs; mais fi le tems eft froid ou nébuleux, on les fait entrer

dans

dans la bergerie, & on les accoutume aussi par degré à supporter le grand air.

Cette maniere de gouverner les troupeaux en Espagne pourroit être adoptée dans nos Provinces méridionales où le climat plus chaud permettroit de suivre les mêmes usages; mais il seroit en même-tems essentiel de s'attacher aux pratiques qui seront indiquées dans les chapitres suivans.

ARTICLE III.

Du choix des Moutons Anglois.

APRÈS ce que j'ai dit des cinq différentes races de moutons Anglois, deux defquelles ne fe trouvent que dans quelques endroits particuliers où elles font en quelque forte naturalifées, il me refte à parler du choix de la race, & de fes individus.

Je n'ai que deux mots à dire fur le premier objet. Le laboureur voit ici cinq différentes efpeces de moutons, les unes plus, les autres moins grandes : celles-ci couvertes d'une toifon plus abondante, celles-là d'une toifon moins fournie, plus fine dans quelques-unes, plus groffiere dans d'autres. Libre dans fon choix, fans doute au premier coup - d'œil il lui paroîtra naturel de fe décider pour la plus belle efpece, comme étant la plus avantageufe; mais qu'il fe fouvienne que tous les pâturages ne leur conviennent pas également ; & qu'il fe faffe une loi de ne pas s'écarter de ce principe auffi fenfible qu'il eft effentiel.

Une fois inftruit de la nature de chaque efpece de moutons dont il s'agit, qu'il confidere celle de fa terre ; & après un examen réfléchi, qu'il fe décide alors pour l'efpece qui profitera le mieux dans fes pâturages ; j'en ai déjà démontré la néceffité abfolue, & cette confidération doit lui fervir de guide.

La juftefle de ce principe ne doit pas feulement s'appliquer aux moutons ; le cultivateur peut encore fe convaincre que la plus chétive espece de tel bétail que ce soit, habituée à un sol, donnera plus de profit que la meilleure espece qui n'y trouveroit pas une nourriture assez forte & assez abondante.

Avant de passer à ce qui concerne le choix des individus, je vais faire une réflexion importante ; elle tombe sur la différence qui peut se trouver entre le sol d'où l'on tire les moutons, & celui où on les transporte. Ce dernier doit toujours être le meilleur ; car telle espece que ce soit, dépérit infailliblement lorsqu'on la tire d'un bon pâturage pour lui en donner un médiocre ou mauvais. Il est donc essentiel, pour le cultivateur, de ne pas se borner à bien choisir l'espece de moutons qui convient à sa terre ; mais il doit encore observer de la prendre dans un sol moins bon que le sien, parce que de-là dépend leur réussite & leur propagation.

Voyons à présent quelle attention on doit porter au choix de l'animal.

De quelque espece qu'il soit, il doit être fort, vif, bien fait & avoir les os très-gros. De quelle nature & longueur que soit sa laine, il faut qu'elle soit douce au toucher, & paroisse un peu grasse lorsqu'on la manie ; de plus elle doit être luisante & frisée.

Les moutons qui ont toutes ces qualités, ont, sans contredit, chacun dans leur espece, les plus belles toisons ; & les bouchers, qui ont autant de connoissance sur cet objet que les plus habiles fermiers, les paient toujours bien plus que les autres.

Il ne me reste plus à présent qu'à indiquer les précautions

qu'exige la propagation de l'espece; cet article est très-important, & mérite beaucoup d'attention.

Voici les marques qui doivent déterminer dans le choix d'un bélier; qu'il soit jeune, beau & bien fait : de telle espece qu'il soit, sa toison doit être propre & alongée; la couleur de sa peau doit être d'un clair rouge. Il doit avoir le corps gros & long, le front rond & élevé, les yeux grands & animés, les nazeaux droits & courts, les oreilles amples & de gros testicules.

Les béliers qui réunissent toutes ces qualités sont les plus féconds; c'est une vérité tellement établie par l'expérience, que personne ne la révoque en doute; & les brebis qu'ils couvrent donnent ordinairement deux agneaux par portée.

Dans le choix de la brebis, il faut faire attention qu'elle ait le col élevé, long & courbé naturellement comme celui du cheval : elle doit avoir le rable large & la croupe ronde, la queue épaisse, les jambes fines & courtes; que sa laine soit épaisse, longue, & sa toison bien égale partout.

L'acheteur doit examiner, par dessus tout, si elle est bien saine; & pour s'en assurer, il faut qu'il regarde s'il ne lui manque pas de la laine en quelque endroit, si sa laine est ferme, si elle a les gencives rouges, les dents blanches, la peau détachée, l'haleine douce & les pieds frais.

Quant à l'âge, elles valent mieux lorsqu'elles ont deux ans. Elle donnent de beaux agneaux jusqu'à cinq même huit; mais alors elles ne s'engraissent pas facilement.

On connoît à la bouche l'âge des bêtes à laine. A deux ans, elles ont deux dents larges sur le devant de la mâchoire; à trois, elles en ont quatre; à quatre, elles en ont fix, & à cinq elles en ont huit : vers ce tems leur bouche commence à fe dégarnir.

Rien ne dénote fi bien leur mauvaife fanté qu'un œil morne & une laine qui fe détache aifément. Quand un mouton a ces fymptomes, on ne doit jamais l'acheter, car il eft sûr qu'il ne guérira point.

ARTICLE IV.

Inſtructions générales pour le gouvernement d'un troupeau de moutons Anglois.

LA force, la ſanté des moutons, & la beauté de leur laine dépendent entiérement, dans les climats tempérés, de la nature & de la qualité des pâturages, ainſi que du choix d'un berger, & de la maniere dont on les gouverne. J'ai déjà indiqué celle de cultiver les herbes que par expérience on a reconnu leur être le plus convenables. Il me reſte à faire connoître à mes lecteurs de quelle maniere il convient de ſe comporter dans la conduite de ces animaux.

J'ai déjà obſervé que, ſans enclos, il eſt impoſſible de tirer d'un troupeau de moutons tous les avantages dont il eſt ſuſceptible. La néceſſité de diviſer & d'enclorre la terre de la façon qu'on a recommandée, paroîtra bien plus ſenſible lorſqu'on verra qu'il eſt extrêmement eſſentiel que l'on diviſe un troupeau, & qu'on le garde dans des pâturages différens les uns des autres, non-ſeulement pour le faire bien profiter, mais même pour l'entretenir en bon état.

Quand un Fermier n'a que vingt ou trente moutons, il n'eſt pas poſſible de les diviſer, un nombre ſi peu conſidérable n'annonçant qu'une très-petite ferme ; cela ne ſera pas non plus néceſſaire : mais ſi ce troupeau va à deux ou trois cens, ce que j'appelle un troupeau, il ne profitera pas ſi bien tous étant enſemble, que ſi on les met dans des pâturages différens. Il faut les diſtribuer de la maniere ſuivante, au tems de la tonte où l'état de l'animal, privé de sa laine, paroîtra plus aisément.

1°. Les moutons qui font à engraisser seuls.

2°. Les brebis dans un autre champ.

3°. Les moutons coupés, & les brebis d'un an dans un autre.

4°. Les moutons coupés, de plus d'un an, avec les béliers dans un autre.

5°. Les jeunes agneaux d'un an dans un autre.

Ainsi séparés, la force de chacun de ces animaux, dans chaque division, sera à peu près égale ; au moins la différence ne sera-t-elle pas assez grande pour que les uns puissent empêcher les autre de paître, & de choisir l'herbage le plus agréable aussi bien que le plus nourrissant.

Un mouton qui a une indisposition quelconque, doit être tenu séparement du troupeau : & ceux qui font fort foibles doivent être mis à part jusqu'à ce qu'ils aient gagné de la force.

S'il faut que les moutons paissent dans des prairies, plus ils broutent l'herbe près, mieux c'est ; cela fait beaucoup profiter l'herbe. Il faut avoir soin d'empêcher qu'un mouton ne mange pas trop ; car de tous les animaux, c'est peut-être le plus gourmand ; & s'il est une fois gras, on doit le tuer : si on le laisse maigrir, il n'engraissera jamais une seconde fois.

On doit changer le pâturage aussi souvent qu'il sera commode de le faire. Environ deux ou trois heures après le lever du soleil, il faut les mener à leurs différens champs, & cela à la discrétion du berger, qui doit observer si la rosée est dissipée,

pour les mettre dans des pâturages refpectifs. Dans les brouil-
lards extrêmement épais , il vaut mieux que les moutons
reftent dans le quarré en plein air de la bergerie , jufqu'à ce
que le brouillard fe foit évaporé, avant que de les mettre à leur
pâture. Quand ils font une fois dans les champs , ils doivent
y refter jufqu'au coucher du foleil , & enfuite être reconduits
doucement à leur bergerie , pour y paffer la nuit , ou bien au
parc dont je parlerai dans un autre Chapitre. Il n'y a rien
de plus nuifible aux moutons , que de les faire marcher
vîte. Lorfqu'on les conduit , il faut que ce foit lentement,
l'air leur eft beaucoup plus avantageux que l'exercice , ils
en ont toujours autant que leur nature en demande en al-
lant au pâturage , en y prenant leur nourriture & en revenant à la bergerie.

Si on a les loups à craindre, il faut laiffer des garçons dans
chaque champ , pour garder les moutons & les défendre; autrement on peut les laiffer feuls. Ils n'exigent pas toujours la
préfence du berger, qui a fa bergerie à nettoyer, la litière à renouveller, & la nourriture de la nuit à mettre en état pour fon
troupeau. Les moutons qui font à engraiffer ne doivent pas être
renfermés , fi l'on peut s'en difpenfer. Au retour du pâturage ,
on peut les laiffer toute la nuit dans le quarré, à l'air , ou dans
des endroits commodes , on peut placer des auges qu'on
remplit de la nourriture qui leur eft deftinée : s'ils font renfermés , & qu'ils n'aient point de nourriture la nuit, ils font
bien plus long-tems à engraiffer.

Le berger peut employer le tems où il n'eft pas occupé
dans la bergerie , à examiner fes barrieres , à les raccommoder
quand elles font rompues, & à faire la revue des différentes
divifions

divisions de son troupeau. Il est inutile de dire qu'il faut faire des séparations dans la bergerie, pour y recevoir chaque partie distincte, que l'on doit encore marquer pour ne pas les confondre. Par exemple, l'une doit avoir une marque à une épaule, une autre à l'autre, une troisieme sur un des côtés, &c. de maniere que la classe & l'âge de chaque animal puissent se connoître au premier coup-d'œil.

Il faut avoir grand soin, quand on change de pâturage, de ne pas toujours garder un troupeau dans un excellent pré ou champ, après l'avoir tiré d'un autre de beaucoup inférieur. Cette faute est quelquefois suivie de conséquences funestes, & elle est toujours sujette à des dangers.

On doit observer pour regle invariable, de ne jamais mettre un troupeau dans des pâturages que des pluies soudaines ont inondés depuis peu. Ces pluies laissent un bourbier & un gravier sur l'herbe & autour de la racine, qui nuit au troupeau qu'on y met paître, avant que le terrain ait été séché par l'air & le soleil.

Dans les tems humides, il faut, autant qu'il est possible, tenir le troupeau sur les hauteurs.

Dans les tems secs, on ne court aucun risque de laisser paître le troupeau dans les marais, pourvu qu'on ne l'y garde pas trop long-tems chaque fois. Mais ceux qui peuvent avoir des marais à l'abri des inondations, ou d'une humidité continuelle, peuvent y laisser paître leur troupeau dans tous les tems sans aucun danger.

On ne doit jamais laisser paître un troupeau dans un bois ou dans une forêt. Les moutons mangent l'herbe qui y croît avec beaucoup d'avidité ; mais le suc en est extrêmement nuisible à

T

la santé de l'animal, & rien ne lui donne plutôt le tac.

Lorsqu'on mene le troupeau paître dans des champs de froment ou de seigle, afin d'arrêter sa croissance, il ne faut pas lui en laisser manger trop, ou l'y laisser trop long-tems, autrement cette nourriture lui donnera infailliblement un flux violent.

Un Fermier doit avoir grand soin que son troupeau ne soit pas trop nombreux pour son pâturage : si cela étoit, les plus foibles souffriroient infailliblement, & peut-être mourroient de faim, faute d'avoir assez de force pour se procurer leur contingent de la nourriture qui s'y trouve, ou au moins diminueroient-ils au point de ne pouvoir plus recouvrer leur premier embonpoint, même quand on les mettroit dans de bons pâturages.

Il est aussi fort important pour le Fermier, d'avoir dans son troupeau autant de moutons qu'il peut en entretenir en abondance, autrement il y perdroit. Cette connoissance ne peut s'acquérir que par l'expérience, & dépend de la nourriture qu'il peut donner à son troupeau.

Un Fermier qui consulte ses intérêts formera son troupeau de moutons de la même grosseur le plus juste qu'il pourra; il y aura pour lui autant de gain que d'agrément. Quand les troupeaux sont composés de cette maniere, ils sont moins sujets aux maladies; les moutons se trouvent tous en général de la même force, & sont conséquemment également bien nourris.

Si un mouton ne profite pas, c'est une sottise & même une perte réelle, que de le garder; il faut le mettre dans un bon pâturage & l'engraisser pour le boucher; mais il faut avoir foin de ne pas l'engraiffer feul. Le mouton eft un animal qui n'aime pas à être feul; il diminueroit à vue d'œil au lieu d'engraiffer, & mourroit peut-être.

Je ne puis trop recommander au Fermier d'examiner fon troupeau fort fouvent. Plus il le fera fouvent, plus cela lui fera avantageux. Il faut fur-tout qu'il faffe une attention particuliere au choix de fes béliers, car c'eft delà que dépend la bonté de fon troupeau. A l'égard de fa laine, il doit faire en forte qu'elle foit belle, fans tache, & d'une bonne couleur; car de quelque qualité qu'elle foit, les agneaux qu'il aura porteront infailliblement la même laine.

Il faut auffi qu'il ait foin de ne pas employer les mêmes béliers plus de deux ans; autrement il eft fûr que fon troupeau dégénérera. La race des moutons Anglois une fois établie en France, il pourra fe procurer des béliers éloignés de fon troupeau, & donner en échange des fiens. Jufqu'alors, il faut qu'il s'en procure d'Angleterre. Quand on choifit un bélier pour le faire engendrer, c'eft toujours un jumeau qu'on prend en Angleterre; il faut le laiffer avec fa mere le plus long-tems poffible, & le bien nourrir pour augmenter fa force & fa groffeur autant que faire fe peut.

Le bélier ne doit s'accoupler avec la brebis qu'à l'âge de deux ans; la brebis ne doit pas non plus recevoir le bélier avant qu'elle ait dix-huit mois. Si on agit autrement, on n'aura que de foibles agneaux; les béliers & les brebis qui les engendreront feront auffi arrêtés dans leur croiffance par cette copulation prématurée, & ne parviendront jamais à leur perfection. Un bélier de deux ou trois années, accouplé avec une brebis de quatre ou cinq, produiront les agneaux les plus forts. Un

b lier fuffit pour quarante moutons. Il fera bon pour en-
g ndrer jufqu'à l'âge de neuf ou dix ans, ainfi que les brebis;
mais fi on ne les engraiffe pas avant qu'ils aient fix ans, il fera
d fficile enfuite de les vendre bons pour le boucher, parce qu'à
cet âge ils perdent leurs dents.

Quand les agneaux auront deux mois, il faut raccourcir
leurs queues, afin qu'ils ne les traînent pas dans la boue, &
que leur crotte ne les incommode pas : cette mutilation fe doit
faire à la fin du mois de Mai, ou au commencement de Juin;
favoir, quand les agneaux auront déjà atteint l'âge fufdit; car
autrement, il faudroit la différer jufqu'à la Saint-Michel : on
laiffe à la queue cinq ou fix pouces de longueur.

ARTICLE V.

De la propagation des Moutons.

LORSQUE, conformément aux inſtructions précédentes, le choix des béliers & brebis eſt fait, l'on doit examiner quel eſt le tems le plus convenable pour les accoupler. En cela, comme en toute autre choſe, ne croyez pas que j'exige plus de précaution qu'il n'en faut. Sans doute, je recommande plus de ſoins qu'on a coutume d'en apporter, mais non pas plus que la choſe en requiert.

L'objet que je me ſuis propoſé dans cet Ouvrage eſt d'indiquer à chacun le moyen de ſe procurer par ſon induſtrie plus de profit que le commun des cultivateurs n'en retire aujourd'hui ; ainſi quoiqu'on puiſſe réuſſir avec moins de ſoins & de précautions que je n'exige, cependant le bénéfice augmentera à proportion de ceux qu'on prendra. Le premier point auquel je deſire qu'on s'attache, c'eſt de ne jamais rien entreprendre ſans en avoir examiné les ſuites, & prévu avant tout l'événement.

Par exemple, avant de faire accoupler des béliers & brebis, je conſeille de calculer dans quel tems les brebis mettront bas : voyez ſi ce tems conviendra, s'il ſera favorable pour les agneaux, & ſi leurs meres trouveront alors une nourriture ſuffiſante dans les pâturages ; toutes ces conſidérations ſont importantes, & ne doivent point échapper à perſonne.

Si les brebis mettent bas à la fin de l'hiver ou au commencement du printems , aura-t-on affez des provifions pour les nourrir jufqu'aux nouvelles herbes? C'eft à quoi on ne fauroit trop prendre garde. J'ai vu nombre de fermiers fe tromper à cet égard dans leur calcul , & perdre brebis & agneaux, même à la veille des nouvelles herbes , faute de pouvoir leur procurer affez de nourriture à cette époque.

L'homme prudent doit s'attacher non-feulement à fe pourvoir d'une quantité fuffifante de nourriture pour fes brebis & agneaux , mais à fe la procurer bonne ; car ce qui fuffit pour les fubftanter eft infuffifant pour les faire profiter ; il faut donc abondance & qualité , pour ne pas tomber dans ces inconvéniens.

Les brebis portent vingt femaines ; leur meilleur tems pour mettre bas eft le milieu d'Avril , & plutôt , fi on a des navets, carottes , ray-graff , pimprenelle ou autres herbes précoces à leur donner. Mais fi quelque circonftance pouvoit faire defirer qu'elles miffent plutôt bas , on pourroit leur donner le bélier , de maniere que les agneaux vinffent en Décembre , Janvier ou Février ; alors il faudroit ufer de beaucoup plus de précautions , parce que les agneaux font fort délicats en naiffant ; & fi l'on n'y veille , les pies grieches & quelques autres oifeaux leur arrachent les yeux. Outre cela , la rigueur de la faifon fait qu'ils reftent plus longtems foibles , & qu'ils grandiffent moins vîte ; il faut par conféquent leur donner plus de foin , & plus long-tems que dans toute autre circonftance.

Si on avoit divers pâturages , on fe régleroit aux qualités fuivantes pour la nourriture des troupeaux.

Les gras font bons pour les moutons grands & forts ,

de telle efpece qu'ils foient. Une herbe courte convient à une efpece moins haute, mais forte. Ceux qu'on nourrit dans des endroits montueux, font ordinairement bas, & ont les membres petits.

En général, les pâturages fecs font les plus fains pour élever les moutons; les terres humides & fujettes aux inondations, ne valent rien, excepté pourtant les marais falés qui conviennent très-bien à quelques efpeces particulieres.

Il faut qu'on ne perde donc point de vue ces objets, & qu'on fe fouvienne que ces regles particulieres font fubordonnées aux regles générales que j'ai déjà établies. Le choix de l'efpece eft ce qu'il y a de plus important. J'ai indiqué celle qui convient le mieux aux différens terrains. Si on ne s'écarte point de ces confidérations générales, les autres, quoiqu'inférieures, en deviendront encore plus avantageufes.

En Mars, on aura la reffource de la pimprenelle, qui tiendra lieu des jacheres; & en fe précautionnant d'une quantité fuffifante de navets & de carottes, on aura de quoi nourrir des brebis & agneaux jufqu'aux nouvelles herbes.

Si par manque de provifions, ou pâturages, on étoit obligé de mettre les troupeaux dans les bleds ou les feigles, il faudroit prendre garde qu'ils ne fuffent trop avancés, parce qu'alors une pareille nourriture eft capable de les trop relâcher & de les rendre malades.

Les jeunes brebis, pendant leur premiere portée, engraiffent ordinairement trop dans des pâturages forts; & comme rien ne leur eft fi préjudiciable, il convient, immédiatement après qu'elles font couvertes, de les mettre dans des pâturages ordinaires, jufqu'à environ trois femaines avant qu'elles ne mettent bas ; c'eft une regle dont il faut moins s'écarter pour la brebis que pour tout autre animal. En effet, fi l'on nourrit trop bien la brebis, elle met bas avec plus de peine & de danger ; de même, fi dans les trois dernieres femaines de fa portée on ne lui donnoit pas une bonne nourriture, elle manqueroit de force, & enfuite de lait pour nourrir,

ARTICLE

ARTICLE VI.

Du fevrage des Agneaux.

Pour l'ordinaire, on fevre les agneaux à quatre mois; mais pour mieux dire, il n'y a ni précaution à prendre ni inconvénient à craindre à cet égard. Dans bien des endroits, on laiffe à la nature un libre cours, & l'homme ne s'en mêle point; d'ailleurs il y a des pâturages qui ne permettent pas qu'on les fevre fi-tôt.

Si on eft accoutumé de laiffer toujours les béliers & les brebis enfemble, on ne doit point fe mettre en peine de fevrer les agneaux, parce que, lorfqu'il en fera tems, les béliers couvriront les brebis; & le lait venant alors à leur manquer, les agneaux fe trouveront naturellement fevrés.

Comme les agneaux font plus délicats & plus fujets que les brebis à reffentir les impreffions d'un air mal-fain, il peut arriver pendant leur fevrage que certain pâturage leur foit contraire; qu'ils maigriffent ou foient attaqués tout-à-coup d'une dyffenterie continuelle : en ce cas, il ne faut pas tarder de les remettre avec leurs meres, parce que le lait eft le meilleur remede ; auffi tant qu'ils s'en nourriffent ont-ils rarement quelque maladie.

Si l'on n'a pas bonne idée des pâturages, & qu'on apperçoive que les brebis manquent de lait, il vaut mieux vendre les agneaux tout de fuite, pour n'être pas expofé à les perdre quelque tems après.

V.

Les agneaux qu'on choifit pour béliers doivent être féparés des autres. Plutôt la caftration de ceux-ci fera faite, & mieux ce fera, tous les animaux la fupportant plus facilement lorfqu'ils font encore avec leur mere ; mais fi la caftration n'a pas été faite avant le fevrage, il faut la faire en Septembre, & féparer pour quelques jours du troupeau, les agneaux auxquels elle fera faite.

ARTICLE VII.

De la tonte des Moutons.

Nous voici à un article bien intéreſſant, c'eſt celui de la tonte. Avec les ſoins & les précautions convenables, la laine, comme tout autre objet, eſt ſuſceptible d'amélioration.

Sa valeur intrinſeque dépend de deux qualités, ſavoir la graiſſe & la propreté; & tout homme qui veut s'en donner la peine, peut parvenir à lui procurer l'une & l'autre par le lavage, la ſueur des moutons avant de les tondre, & par le choix du tems pour leur tonte; le bon prix dépend alors du plus ou moins de précaution.

Sans la propreté, la graiſſe n'ajoute rien à la valeur de la laine; & de même, ſans la graiſſe, la propreté ne ſert qu'à développer ſes défauts.

La graiſſe ne ſe porte à la laine qu'au moyen de la ſueur, auſſi eſt-il à propos d'expoſer les troupeaux, pendant quelque tems, aux chaleurs de la ſaiſon pour les faire bien ſuer avant de les laver; je ne dis pas une ou deux fois ſeulement, car ce n'eſt pas aſſez, mais pluſieurs jours conſécutifs, afin que la ſueur puiſſe pénétrer dans la laine, & la rendre aſſez huileuſe pour que le lavage n'en puiſſe pas enlever la graiſſe.

Le lavage, je le répete, n'eſt bon qu'autant que les moutons ont beaucoup ſué; car la laine, quoique bien lavée & bien propre, n'a de valeur qu'autant qu'elle a la graiffe ; ainfi qu'on fe fouvienne que le lavage fans la fueur, eft préjudiciable , & que, fans ces précautions, on ne peut faire que de mauvaifes toifons.

Le meilleur tems pour la tonte, eft vers le cœur de l'été ; mais la raifon, plutôt que l'ufage, doit indiquer le mois, le jour & le moment.

Le mois de Juin eft l'époque ufitée ; mais, fans doute, pour cette feule raifon que les chaleurs, qui alors commencent à fe faire fentir, contribuent à faire fuer les moutons, & à engraiffer leur toifon ; auffi par la même raifon, s'il arrivoit que le commencement de l'été fût plus froid qu'à l'ordinaire, cette opération devroit être remife au mois de Juillet ; tout comme fi les chaleurs fe manifeftoient plutôt, elle pourroit fe faire à la fin de Mai.

Conclufivement fi la fin de Mai eft chaude, faites tondre au commencement de Juin ; & fi elle eft froide, attendez à la fin ; c'eft ainfi que doit fe conduire dans toutes les circonftances tout bon agriculteur. Il doit chercher à connoître l'ufage reçu, puis en approfondir minutieufement les raifons & les principes ; & tandis que les autres s'y livrent aveuglément, ne les fuivre qu'avec circonfpection & prudence. Celui - là ne frondera jamais la méthode ordinaire, s'il n'a reconnu qu'elle eft évidemment mauvaife ; mais après avoir examiné la nature & l'origine des bonnes, vous le verrez quelquefois s'en écarter & toujours avec avantage ; tel eft le fruit d'une liberté éclairée par la raifon.

Lorfqu'un cultivateur, guidé par ces principes, s'eft décidé fur le tems de la tonte de fes troupeaux, foit que ce foit à la fin de Mai, au commencement ou à la fin de

Juin, ou dans la premiere femaine de Juillet pour le plus tard, fon premier foin doit être de s'y préparer par le choix des momens de les laver, & par l'attention de leur procurer, immédiatement après, le moyen de fe fécher proprement. Il faut donc, auffi-tôt que le lavage eft fait, les conduire fur un terrain fec & propre, où ils puiffent fe fécher fans falir leur toifon. Il eft même à defirer, pour plus grande commodité, que le lieu où on les fera laver foit, autant qu'il fera poffible, à la proximité de celui où on les mettra fécher.

Autant il eft néceffaire de les laver avant de les tondre, autant & plus il eft effentiel de ne jamais faire tondre que les toifons ne foient bien feches, & fi l'on ne veut pas perdre fes peines, il faut bien fe garder de les laiffer divaguer.

Je dois ici recommander à tout propriétaire de troupeaux, d'être préfent, autant qu'il lui eft poffible, au lavage des toifons; c'eft le feul moyen de faire perfectionner une befogne qui demande beaucoup de foin, & dont les domeftiques les plus parfaits s'acquittent rarement bien. L'œil du maître, fi effentiel dans toutes les parties de l'agriculture, l'eft encore plus dans celle-ci, la propreté influant beaucoup fur la valeur des laines.

Il faut toujours employer des bons tondeurs; un mal-adroit & lambin fait en fa journée un tort bien plus confidérable que le falaire d'un mois du tondeur le plus intelligent.

Quant aux agneaux, on ne doit les faire tondre que par derriere, & ne pas toucher au-devant; à ce moyen ils reftent propres & à l'abri du froid.

ARTICLE VIII.

Du profit qu'on peut tirer d'un troupeau Anglois.

ICI j'entrerai dans quelques détails fur ce qui concerne le profit que des moutons Anglois doivent rapporter aux propriétaires de cette race.

Les moutons qu'on voit chez prefque tous les Cenfiers font fi chétifs, fi foibles, que le feul profit qu'ils retirent de ces animaux eft l'amélioration des terres. Ils n'en vendent pas quelquefois la toifon 40 fols, au lieu que celle de race Angloife vaudra au moins de 6 livres jufqu'à 12, & quelquefois au-deffus; ce qui fait pour un troupeau de cent moutons, 600 livres de profit, mettant la toifon au plus bas prix, 6 livres pour trois livres pefant de laine.

Un fecond avantage très-confidérable, eft que chacun de ces animaux, acheté maigre, & vendu au boucher, lui rapportera au moins 8 livres de bénéfice; & qu'il ne lui coutera pas pour élever un mouton de race Angloife, autant que lui coutent les mauvais moutons de France.

Un troifieme avantage, eft que le propriétaire d'un troupeau de moutons de race d'Angleterre, fera le maître de vendre les fourrages qu'il eft obligé de garder pour la nourriture de fon troupeau François pendant l'hiver, puifqu'il eft forcé de le mettre au fec, depuis le mois de Novembre jufqu'au mois d'Avril; ce qui doit lui coûter par chaque animal, bien nourri, au moins 10 livres, faifant pour un troupeau de cent moutons 1000 livres; au lieu que le nourriffant comme il doit l'être , fuivant que j'ai indiqué , quatre acres de navets fuffiront pour la nourriture d'un troupeau de cent moutons , pendant cinq mois, laquelle occafionnera tout au plus la dépenfe fuivante :

Quatre acres à 30 livres de loyer . . . . 120 liv.
Labour , travail , fumier , &c. 120
Semence 6

Total . . . . 246 liv.

La nourriture en ufage chez le Cenfier François , revenant à la fomme de 1000 livres , il tirera par cet article 754 liv. de profit ; ce qui le facilitera encore pour payer le loyer de fa cenfe : & en outre , les quatre acres de terre feront bien fu-més par les moutons qui confommeront ces navets fur la place même.

Ces avantages réunis , le Cenfier gagnera par fon troupeau de cent moutons Anglois ;

Pour la laine . . . . 600 liv.
Pour la vente à la boucherie , vingt moutons par
an, à 8 livres la piece 160
Sur la nourriture 754

Total . . . . 1514 liv.

profit net , fans y comprendre les agneaux , qui paieront bien en deux années les dépenfes extraordinaires du premier achat des brebis & béliers , pour former ce troupeau de cent moutons.

Ce calcul eft beaucoup au-deffous du profit réel de cent moutons Anglois : *voyez Confidération fur les bêtes à laine.* Je me fervirai de ce même livre pour citer une objection

qu'on pourra faire, « que fi la bonne race de moutons Anglois devenoit fi commune en France, le prix de la laine,
qualité d'Angleterre, devroit néceffairement baiffer ; circonftance qui diminueroit infiniment les profits que j'ai fupputés.

Je réponds que tant que nos Manufactures confommeront les
qualités d'Angleterre que nous receuillerons en France, le
prix ordinaire de la matiere premiere fe foutiendra. S'il arrivoit, ce qui eft encore bien éloigné, qu'après avoir four-
ni nos Manufactures actuelles, nous euffions un fuperflu de
matiere premiere, nous ferions les maîtres, ou d'exporter
nos laines chez l'Étranger, ou d'augmenter le nombre de
nos Manufactures, ce qui ne manqueroit pas d'arriver. L'expérience apprend que toutes les fois que nos Fabricans, mu-
nis de la même matiere premiere, entrent en concurrence avec
l'Étranger fur une même qualité d'étoffes, les premiers l'emportent de beaucoup.

Qu'arriveroit-il du fuperflu qu'on fuppofe ? C'eft qu'après
avoir fatisfait à nos befoins, l'Étranger viendroit enlever nos
étoffes par préférence à celles des Ifles Britanniques ; & que
l'Anglois lui-même, avec fes idées de rivalité, feroit contraint de rendre juftice au mérite de nos étoffes, & de re-
connoître qu'elles font auffi bonnes au moins que les fiennes :
ainfi en envifageant les chofes dans le plus grand éloignement,
on ne court aucun rifque de réformer l'éducation des bêtes
flandrines, & de multiplier la race d'Angleterre dans le pays
dont le climat & les pâturages leur conviennent ».

Je montrerai ici aux propriétaires des troupeaux la qualité
des étoffes, dans la fabrication defquelles on fait entrer la
laine

laine Angloife : ils feront donc plus au fait de fa confommation.

A Abbeville, il y a mille métiers qui imitent les étoffes
Angloifes, outre une grande quantité d'autres qui font des
ferges, des droguets & doublures de ferge.

A Amiens, il y a plufieurs milliers de métiers en étoffes
de fil & laine, foie & laine mêlangées avec la laine d'Angleterre.

A Montdidier, il y a une très-grande Manufacture de différentes étoffes, qui ne doivent leur fabrique qu'à la laine
d'Angleterre.

A Saint-Omer, on y travaille beaucoup en étoffes de laine,
comme droguets, *duroys*, *fagatries*, *shalloons*, le tout mêlangé de laine Angloife. Il y a auffi une grande Fabrique de
bas de laine.

A Lille, il y a mille métiers, feulement en étoffes compofées de laines d'Angleterre & d'Irlande, & un bien plus
grand nombre en étoffes mêlangées de celles-ci en fatinets
purnelloes, &c. &c. On y trouve deux cens Fabriques de
bas de laine; & tout ce qui s'y fait en calmandes, ce qui
eft très-confidérable, ne peut s'y fabriquer fans moitié &
même deux tiers de laine étrangere.

A Turcoin, il y a plufieurs milliers d'ouvriers qui travail-
lent également les laines d'Angleterre & d'Irlande.

A Roubais, on y travaille les camelots, les calmandes &
d'autres étoffes également compofées de laine Angloife.

A Lannoy, & dans tous les environs, il y a une quantité
confidérable de métiers en étoffes de laine.

Toutes ces Manufactures emploient la laine d'Angleterre en

X

mêlant un tiers de celle-ci fur deux tiers de celle du pays, ou fe fervent de prefque toute laine Anglaife, puifque, fans cela, beaucoup de ces Manufactures ne pourroient fabriquer de certaines étoffes, particuliérement les fines qui font un affortiment néceffaire. C'eft à la laine d'Angleterre feule que nous devons l'augmentation fi prodigieufe de notre commerce avec l'Efpagne & l'Italie. La plûpart de nos Manufactures doivent à cette laine leur établiffement : fans elle, elles ne pourroient fe foutenir ni conferver la préférence, prefque exclufive, qu'elles ont fur les étoffes d'Angleterre.

Avant de terminer cet article, qu'il me foit permis d'obferver que, s'il eft une profeffion & un état, depuis que le monde exifte, qui foit utile, bienfaifant & digne de l'eftime générale, de l'appui & de la protection du Gouvernement, c'eft certainement celui de cultivateur.

C'eft au commerce, au trafic, aux Manufactures, que tout état doit fa fplendeur; c'eft par eux qu'il fleurit ; mais ils ne font véritablement fondés que fur l'agriculture, *premiere fource de la population dans un Royaume tel que la France.* Et les Nations les plus fages, ainfi que tous les individus, ont concouru non-feulement à la protéger, mais encore ils ont toujours confidéré ceux qui la profeffoient, comme les plus eftimables dans un État. Il n'y a donc pas de preuve plus forte de la décadence d'un Empire quelconque, que de le voir regarder avec une forte de mépris l'agriculture, & de dédaigner ceux qui la profeffent.

Dans l'heureux tems de la République Romaine, rien n'étoit plus en vigueur ni plus univerfellement en confidération que l'agriculture; mais dès que ceux qui l'avoient honoré l'eurent négligée, fa diffolution en fut la fuite.

ARTICLE IX.

De la laine Anglaise, & de la maniere de l'améliorer, ainsi que celle du cru de la France.

LA laine Angloise est d'une telle importance, que plusieurs Manufactures ne peuvent s'en passer; leur existence même en dépend; une fois dans le cas de manquer d'un objet si précieux, la prééminence que la France a acquise sur plusieurs Manufactures Angloises dans le pays étranger cessera, & en conséquence une foule d'ouvriers privée de son travail journalier, tombera dans la misere. Le seul moyen donc d'assurer une quantité suffisante & sûre de laine Angloise, ou d'une qualité équivalente pour la consommation de nos Manufactures, c'est d'accorder toute espece d'encouragement pour l'introduction des moutons de race Angloise dans les Provinces septentrionales de la France, & d'y donner tous les soins qu'on est accoutumé d'apporter en Angleterre : par cette attention, on doit être assuré d'une réussite parfaite dans la conservation de cette race, sans le moindre risque qu'elle dégénere. Il est également possible d'améliorer la laine des moutons du cru de la France, même de la moindre espece, en suivant la maniere Angloise de traiter ces animaux.

On peut envisager le commerce des Echelles comme extrêmement avantageux. Les ouvriers François ont le mérite d'être les plus industrieux, & peut-être les plus économes de l'Europe. C'est à l'aide de cette économie, & par l'emploi des laines Angloises, que la France possede actuellement presque

en entier ce commerce lucratif dont elle n'avoit , il y a quelques
années , qu'une portion très-médiocre. Il n'eſt cependant fondé
que ſur une proviſion précaire de laine Angloiſe. Je ne puis
donc trop répéter que le ſeul moyen d'en aſſurer la ſolidité,
c'eſt l'introduction des moutons de race Angloiſe en France,
& un ſoin extrême de leur nourriture & de leur éducation. J'ai
déjà dit qu'il y a cinq eſpeces de moutons Anglois. Il faut donc
avoir ſoin de n'introduire que l'eſpece que j'ai déjà indiquée ,
parce que c'eſt celle qui convient le mieux aux Fabricans.

De la bonne nourriture d'un troupeau de moutons dépend la
qualité de ſa laine. Il eſt donc indiſpenſable qu'un troupeau
ſoit , autant qu'il eſt poſſible , à l'abri des grandes pluies : ce
ſoin ſi propre à le conſerver en ſanté , ne contribuera pas peu
à la parfaite qualité de ſa laine. La bonne ou la mauvaiſe ſanté
du cheval s'apperçoit aiſément à la couleur nuancée de ſon poil.
Une pluie légere, une pluie ordinaire ne nuit pas aux moutons ; elle contribue , au contraire , à l'augmentation du luſtre
naturel de ſa laine.

En adoptant de nouvelles coutumes , on les pouſſe aſſez ordinairement à l'extrême. Après avoir été renfermés dans des
bergeries ſuffocantes, ſouvent on expoſe tout-à-coup les moutons en plain air ; on leur fait ſubir toute l'intempérie des ſaiſons , croyant par ces moyens rendre leur laine égale à celle
d'Angleterre. Un changement ſi ſubit d'une extrémité à l'autre,
a fait périr grand nombre de bêtes , & le cri s'eſt élevé contre
l'éducation des moutons à l'Angloiſe. On ignore peut-être
qu'en Angleterre il y a quelques endroits où on eſt dans l'uſage
d'enfermer toute la nuit les moutons dans les bergeries qui leur
ſont convenables ; mais ces endroits ſont très-rares. Par-tout

ailleurs , les moutons font expofés continuellement à l'inclé-
mence des faifons. On remarque que ceux enfermés toute la
nuit dans une bergerie , dont la litiere eft renouvellée toute les
nuits, donnent la plus belle laine d'Angleterre. Dans une partie
de *Gloucestershire* , il y a des Fermiers dans cet ufage ; mais
dans les autres parties du Royaume , où les troupeaux font
compofés de plufieurs milliers , il feroit impoffible de le fuivre.
La plus belle laine eft celle que produifent des moutons renfermés dans une bergerie conftruite fur des principes raifonnés tels
que je les donnerai plus bas. Quand ils font toujours en plein
air , leur laine n'eft pas fi belle ; cependant elle eft encore fupérieure de beaucoup à celle des moutons toujours enfermés
dans une bergerie pareille à celles qui font en ufage en France
& dans la Flandre.

Le lecteur peut fe fouvenir que les moutons ambulans d'Efpagne donnent la plus belle laine , & que ceux qui font prefque
toujours enfermés dans les bergeries n'en donnent qu'une efpece
extrêmement groffiere. Changez la façon de vivre de ces animaux , la laine du mouton enfermé deviendra plus belle , &
celle de l'autre dégénérera quand il fera enfermé dans la bergerie.

Entaffez un nombre de moutons dans une bergerie conftruite fur le modele actuellement en ufage , c'eft le vrai moyen
de détruire le tempéramment & la fanté de l'animal , & par
conféquent la bonté de fa laine. L'Auteur des Inftructions fur
les Bêtes à laine , a fait des obfervations très-juftes : il dit que le
mouton eft un animal chaud de fa nature ; il eft d'ailleurs couvert d'une forte toifon. Si à ces deux caufes d'une chaleur naturelle fe joint un air étouffant , vaporeux , mal-fain , chargé de

parties groffieres & infectées , l'animal ne peut refpirer que des
exhalaifons empeftées qui, au lieu de donner à fes poumons
le reffort & le jeu qui leur font néceffaires , leur communi-
quent, au contraire, un germe de putréfaction.

La vie des moutons qui reftent tout un hiver dans les étables , fans jouir de l'air extérieur, eft pareille à celle d'un
homme qui pafferoit cette faifon,concentré, dans un logement
humide environné de poëles ou de fourneaux ; mais l'Auteur
qu'on vient de citer fe trompe, en difant que les Anglois pan-
fent leurs moutons avec le même foin que leurs chevaux; qu'ils
les lavent, les broffent , & ne fouffrent pas que la moindre
faleté nuife à la blancheur ou à la fineffe de leurs toifons.

Quel ouvrage de broffer un troupeau de dix mille moutons ! Il eft vrai qu'avant la tonte , les moutons font très-bien
lavés ; & qu'on ne fouffre pas que la moindre faleté puiffe nuire
à la blancheur de leur toifon : mais auffi ils ne font jamais lavés pour aucune autre raifon. Le feul fecret pratiqué par les
Anglois pour fe procurer la belle laine , eft de permettre à leurs
moutons de fuivre, autant qu'il eft poffible , leur penchant naturel ; & lorfqu'on fait ufage de l'art, ce n'eft que pour aider,
& non pas pour s'oppofer à la nature. A cela, on peut ajouter
que , comme la nourriture feche ne paroît pas indiquée par la
nature, le mouton ne s'en foucie pas ; ainfi on ne leur donne
le fec que très-rarement, & lorfqu'ils font nourris avec des navets ou d'autres aliments qui donnent des vents, parce qu'alors
pour remédier à ces vents, il convient, comme je l'ai déjà
confeillé, de leur donner un peu de foin chaque jour.

Les moutons de *Romney marsh* ne goûtent jamais que l'herbage naturel du pays depuis leur naiffance jufqu'à leur mort.

Dans les mois de Mai, Juin & Juillet, cette campagne unie, couverte de moutons, préfente la plus riche, ainfi que la plus belle vue qu'un efprit contemplatif puiffe defirer. Cinq mille acres de prairies, garnies de cent cinquante mille moutons de la plus belle efpece d'Angleterre, & qui feuls pourroient nourrir & vêtir une quantité prodigieufe d'hommes, quelle fource de richeffes! On y trouve des propriétaires de troupeaux de plu-fieurs mille moutons. Un d'eux de ma connoiffance fait tondre toutes les années un troupeau de dix mille. Ces mou-tons font toujours en plein air, expofés à toutes les intempé-ries de la faifon. Ils font nourris de l'herbage naturel du pays feul. Dans l'hiver, lorfqu'il n'y a qu'un peu de neige fur la terre, en la grattant, ces animaux trouvent le moyen de fe bien nourrir; mais lorfqu'elle eft trop abondante, & qu'elle couvre trop long-tems la fuperficie de la terre, il n'en eft plus de même. Il eft arrivé un fait affez extraordinaire plus d'une fois. Ces animaux fimples, fouffrant de faim, tenterent de fe jetter dans la mer, & ce ne fut que par les efforts de tous les gens du pays qui firent une chaîne entre cet élément & les moutons, qu'on parvint enfin à les en empêcher. Je ne con-çois d'autre caufe de cette efpece de fantaifie, que l'affinité de la couleur de la mere avec les pâturages de ces animaux, qui s'imaginoient y trouver de quoi foulager leur faim. Une pa-reille circonftance eft très-rare dans ce pays, parce que la neige n'y féjourne pas long-tems fans fe fondre.

J'obferverai ici qu'il exifte dans la Bretagne, fur le rivage de la Loire, prefque vis-à-vis de Pain-Bœuf, une plaine im-menfe, à la vérité moins étendue que celle de *Romney marsh*, dont le fol eft extrêmement bon & propre à nourrir quelques milliers de moutons ; mais je fuis sûr qu'elle n'eft pas employée à un ufage qui rapporte au propriétaire le produit qu'elle lui rapporteroit, s'il y élevoit des moutons fuivant les bons principes.

La laine des moutons de *Romney marsh* eft inférieure en fineffe & en qualité à celle de *Glouceftershire*, *Lincolnshire*, *Leiceftershire* & *Herefordshire*, ainfi que celles des *Dunes du Sud* ; mais toutes ces différentes laines font courtes, tandis que celles de *Romney marsh* eft extrêmement longue : & quoique fa fineffe ne foit pas égale à l'autre, elle eft cependant de plus de valeur dans les Manufactures où fe fabriquent les étoffes dont j'ai parlé ; c'eft fur-tout la feule efpece dont la France foit dépourvue. On trouve la laine fine & courte dans la Province de Berry, ainfi qu'en beaucoup d'autres. La longueur autant que la fineffe étant les principales qualités de la laine, & les moutons de *Romney marsh* étant d'une race hardie qui conviendroit parfaitement à ce climat, & qu'il eft plus facile de fe procurer à caufe du voifinage, c'eft cette race qu'on doit préférer pour l'avantage des Manufactures de ce Royaume. J'ai encore fouvent obfervé que la bonté & l'abondance de la nourriture influent beaucoup fur la qualité de la laine. Si on manque de l'une ou de l'autre, il ne faut pas efpérer de réuffir dans l'introduction de moutons de race Angloife ; une perte certaine feroit, au contraire, la fuite inévitable d'une pareille entreprife. Le fol de *Romney marsh* eft extrêmement bon, par conféquent l'herbage en eft très-nourriffant.

Il eft conftant que les moutons de *Glouceftershire*, à l'abri de tout mauvais tems dans la nuit, & couchés toujours fur une litiere fraîche, ont une laine fupérieure à ceux qui font

continuellement

continuellement en plein air. Ce qu'il eſt impoſſible d'exé-
cuter par-tout en Angleterre où les moutons ſont ſi nombreux,
peut aiſément ſe pratiquer en France où les métairies ſont moins
grandes. S'il n'eſt pas poſſible à un Fermier de fournir la nourriture à un troupeau pareil à ceux de *Romney marsh* ou des
pays circonvoiſins, il aura au moins la facilité, par cette maniere, d'en nourrir parfaitement un d'une centaine de moutons.

Il eſt de la plus grande conſéquence pour la laine, & je
crois, pour les moutons même, qu'ils ſoient à l'abri du tems extrêmement pluvieux, ſur-tout pendant la nuit. En Angleterre,
on trouve des enclos preſque par-tout. Les haies préſentent
une eſpece d'abri. Les moutons ſont aſſez ſages pour en profiter : c'eſt un inſtinct que M. de Buffon paroît leur refuſer ; il
n'en eſt pas moins vrai que les moutons Anglois ont une vivacité que la nature a refuſée à ceux de la France. Quoique naturellement timides, ils ſont cependant à tous égards plus cou-
rageux que ceux de ce pays : on voit très-rarement de ces évé-
nemens fâcheux, que certains ſpéculateurs de cabinet repréſen-
tent dans ces animaux comme une conſéquence de la peur.

Il eſt heureux que, malgré leur façon de vivre, ils ne ſoient
pas auſſi ſujets aux maladies terribles que certains Auteurs dé-
crivent. M. *Haſtfer*, qui mérite toutes ſortes d'éloges pour
l'attention qu'il a apportée à l'éducation des moutons Anglois
en Suede, nous a donné une liſte effrayante des maladies dont
les moutons ſont quelquefois attaqués, avec l'état des remedes
propres à les guérir. On imagine aiſément en liſant ces détails
alarmans, qu'il ſe trouvera peu de perſonnes aſſez courageuſes
pour entreprendre d'élever un troupeau de mouton, lorſque,

Y

ſuivant les apparences, il en coûteroit plus en drogues pour la guériſon des maladies d'un troupeau , qu'il n'auroit de valeur réelle.

Défendez l'uſage des bergeries actuellement en uſage en France , les maladies des moutons diſparoîtront avec elles. Faites en conſtruire ſur un plan réfléchi & raiſonné , qui procurent aux animaux un air libre ; mettez ces animaux à l'abri des tems extrêmement pluvieux , ſur-tout dans les nuits d'hiver ; donnez leur une nourriture bonne & ſuffiſante, ce ſont-là les vrais moyens d'avoir une laine d'une beauté égale , & peut-être ſupérieure à celle que nous ſommes obligés de tirer de l'Étranger.

J'ai parlé d'une bergerie conſtruite ſur un plan convenable & raiſonné. Le modele ſe trouvera dans l'article ſuivant : mais je ne ceſſerai point de répéter , que ſi l'on manque de fourrage bon & ſuffiſant pour ſon troupeau , toute autre reſſource ſera inutile. Les bêtes dépériront , leur laine deviendra de nulle valeur ; en un mot , tout manquera & tout ſera perdu.

A R T I C L E X.

De la Bergerie.

Dans l'emplacement de la bergerie, il y a deux choses à observer.

1°. La nature du sol.

2°. Sa position. Il faut choisir un terrain très-sec, & plus il le sera, plus aussi il sera sain. La moindre humidité dans le sol seroit dangereuse.

Autant qu'il est possible, il faut que sa position soit au centre des pâturages, tant pour y mener le troupeau sans fatigue, que pour transporter plus aisément le fumier dans les différens champs, & afin de racourcir le chemin pour le transport du fourrage à la bergerie. Sa proximité de la maison du Propriétaire doit être un objet de premiere considération, l'œil du maître étant très-important en toute espece d'opération rurale.

Il n'est pas aisé de détruire les préjugés du Laboureur, & de lui faire abandonner l'ancienne routine. L'intérêt & le tems font les vrais destructeurs des préjugés; l'exemple est aussi d'un grand poids. La maniere que j'ai indiquée de traiter un troupeau de moutons, soit indigênes, soit étrangers, une fois adoptée par les Laboureurs considérables, sera insensiblement suivie par les autres; & à la fin, les bergeries de la nouvelle construction prévaudront sur les anciennes.

Il y a assez de bâtiment dans la plus grande partie des métairies pour y avoir une bergerie propre à contenir le nombre de moutons qu'elle peut nourrir. Ce n'est pas pour vingt, trente ou cinquante moutons que je conseillerois de construire

Y ij

exprès une bergerie. On peut facilement deftiner une portion de bâtiment pour la réunion d'un certain nombre de moutons qu'on voudra traiter fuivant mes principes. Toutés les métairies que j'ai vues dans ce pays-ci, ont plus de bâtiment qu'il n'en faut pour cela; mais à peine en ai-je trouvé une feule qui fût convenable au befoin d'une ferme confidérable. On voit les chevaux, les vaches, les cochons toujours très-bien foignés, pendant qu'on néglige les moutons à l'égard de la nourriture qui leur convient, quoique plus propres à procurer aux Fermiers un profit plus abondant qu'aucune autre partie de fa métairie.

La bergerie conftruite fuivant la maniere que je propofe, contiendra environ deux cens cinquante moutons; mais dans le befoin, elle en contiendroit trois cens. Voyez la planche.

La couverture des angars doit être d'ardoife; le deffous pavé de briques épaiffes & larges, ou de quelqu'autre matiere folide, pour éviter que l'urine ne fe perde dans la terre. Il faut auffi lui donner une pente douce, afin qu'elle coule dans un canal par lequel elle fe raffemblera dans le réceptacle marqué fur le plan pour la fiente & l'urine. Il faut que le réceptacle foit couvert pour éviter l'évaporation des parties les plus précieufes de ce fumier que le foleil pomperoit, ou dont la pluie, en les lavant, détremperoit les fels, & éteindroit cette chaleur vivifiante qui renferme la plus grande partie de fes vertus.

Dans la conftruction de cette bergerie, les principaux objets font:

1°. L'affurance que le troupeau ne fera pas attaqué par les loups.

2°. Qu'il foit à l'abri des tems pluvieux.

3°. Qu'on puiffe, autant qu'il eft poffible, y conferver l'urine & la fiente.

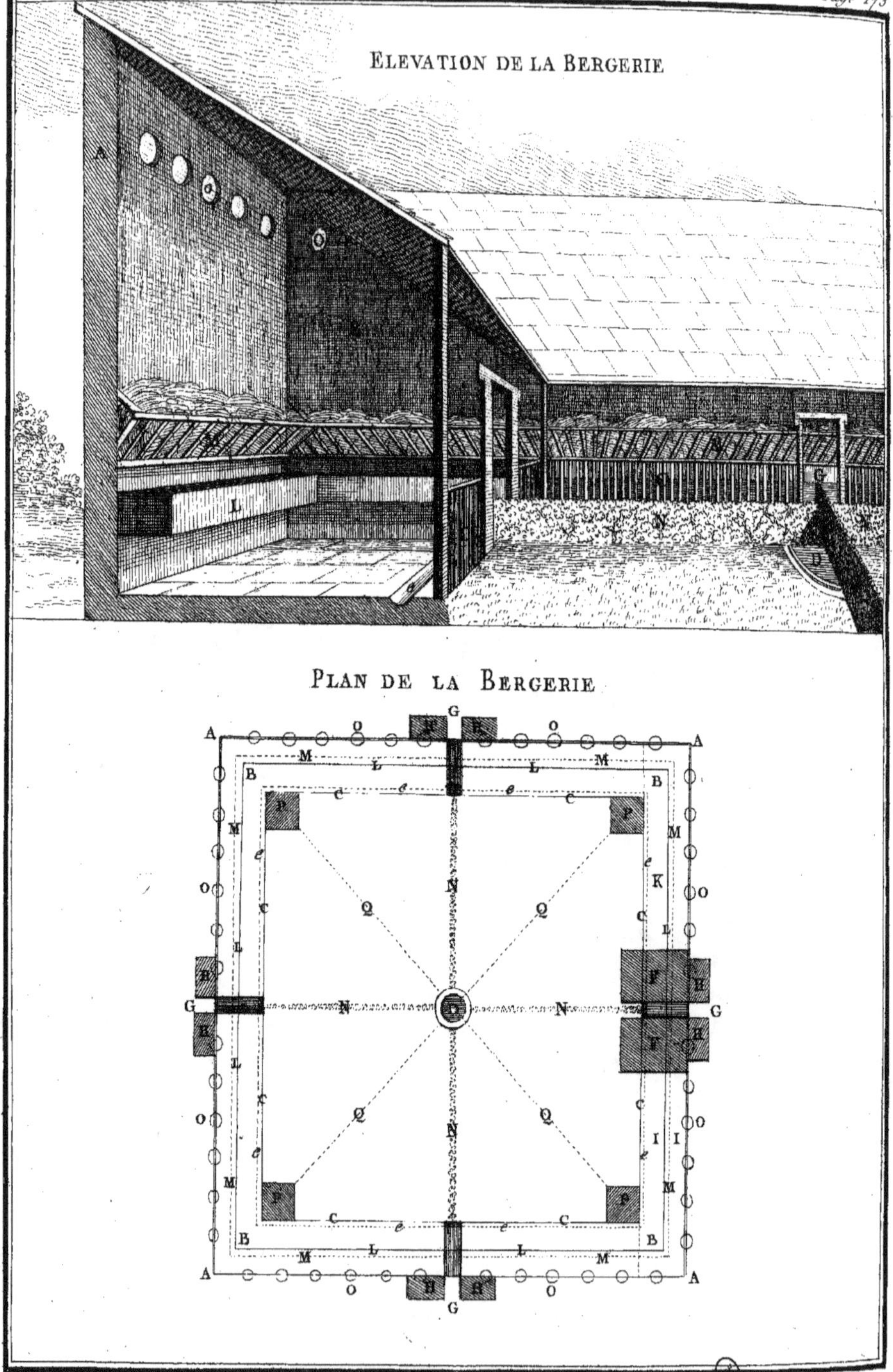

Page 173
ELEVATION DE LA BERGERIE
PLAN DE LA BERGERIE
E. Voysard sculp.

4°. Employer les moyens convenables de procurer aux animaux une libre & continuelle circulation de l'air.

5°. Ne négliger aucun de ceux propres à améliorer la laine des moutons.

Description de la Bergerie.

A. Un quarré de deux cens dix pieds; les murs de sept pieds de haut, bâtis en brique ou en pierre.

B. Un angar de sept pieds de profondeur tout autour de l'intérieur du quarré.

C. Des claies attachées à des poteaux, à dix pieds de distance les unes des autres pour soutenir l'angar.

D. Une fontaine au milieu du quarré.

E. Un canal pour recevoir l'urine & la conduire au réceptacle du fumier.

F. Un logement pour le berger.

F. Un réduit à son usage.

G. Différentes portes pour conduire le troupeau aux pâturages par le chemin le plus court, & pour charier le fumier.

H. Un réceptacle pour le fumier.

I. L'hôpital.

K. Magasin pour le foin & la paille.

L. Les auges.

M. Les rateliers.

N. Les haies ou cloisons.

O. Trous d'air.

P. Dalle pour recevoir l'eau de gouttiere.

Q. Canaux pour la conduire aux fontaines.

Je conviens que tout le monde n'a pas la facilité de se procurer une pareille bergerie, & sur-tout construite avec les matériaux & les attentions que je prescris : mais au moins il est possible d'en approcher à moins de frais, en ne s'écartant pas du même plan, & ayant en recommandation tout ce qui peut y entretenir la propreté ; mais il est toujours indispensable que le réceptacle soit couvert, pavé & entouré de briques, afin de conserver la qualité précieuse du fumier qu'on y dépose.

Ayant donné le projet de la bergerie, il faut parler des animaux destinés à l'habiter.

Dans les nuits d'hiver, pendant les grandes pluies & autres tems convenables, la bergerie sera l'asyle du troupeau. La maniere dont on doit l'y soigner sera détaillée dans la suite.

Au matin, pendant que le troupeau sera aux champs, on nettoyera bien la bergerie : on ôtera toute la litiere mal-propre, en observant de rassembler la partie la moins foulée près de l'auge : on balayera le fond : on ôtera toutes les toiles d'araignée ; ensuite on reprendra la litiere qu'on a réservée près des auges, & on la couvrira avec autant de paille fraîche qu'il en sera nécessaire. On mettra le fumier dans le réceptable le plus proche.

La nourriture pour la nuit sera arrangée dans les mangeoirs ou dans les rateliers. Si c'est de la luzerne, de la pimprenelle, &c. on les mettra dans les rateliers ; si ce sont des carottes ou des navets, ce sera dans la mangeoire.

Nettoyer la bergerie, répandre la nouvelle litiere, arranger la nourriture, voilà l'ouvrage journalier.

Si le mauvais tems forçoit à laisser le troupeau pendant la journée dans la bergerie, on lui donneroit à manger ; ensuite on le laisseroit entrer dans un des enclos du quarré pour s'y amufer, & la haie qui partage le quarré feroit une barriere fuffifante pour empêcher les différens moutons de fe mêler.

Le mouton n'eft pas un animal altéré. Je confeille de ne le laiffer boire qu'à la fontaine pendant qu'il féjourne la nuit dans la bergerie. La coutume de mener boire le troupeau dans un tems fixé eft dangereufe ; il peut être la caufe de différentes maladies. La pourriture ne vient quelquefois que d'un ufage trop fréquent de l'eau.

En été lorfque le troupeau eft toujours aux champs, il ne fera pas mal de le faire rentrer dans la bergerie pour trois ou quatre heures, pendant l'extrême chaleur de la journée. S'il montroit alors un grand defir de boire, il ne faudroit pas l'en empêcher; mais fi le troupeau eft dans un endroit éloigné de la bergerie, on fera mieux de l'y laiffer. La tranquillité & l'air lui valent mieux que l'exercice & l'air. Un mouton prend toujours affez d'exercice en broutant l'herbe pour fe nourrir. En le menant d'un endroit à l'autre, il s'échauffe quelquefois fi fort que la galle en eft la fuite.

Si on apperçoit un mouton malade dans le troupeau, on le mettra fur le champ à l'hôpital de la bergerie, & on le panfera fuivant la nature de fa maladie.

Je confeille d'avoir toujours, à la proximité de la bergerie, un ou deux acres de perfil, autant de luzerne & de pimprenelle, pour les moutons malades ou eftropiés. Si heureufement on n'en a pas befoin en cas de maladie, ces herbes vertes ou feches feront toujours propres pour l'ufage ordinaire de la bergerie; le perfil & la pimprenelle refteront verds pendant tout l'hiver.

ARTICLE XI.

Des Parcs.

IL réfulte deux principaux avantages de parquer les moutons.

1°. La grande amélioration du terrain parqué.

2°. Celle de la laine des moutons.

La plupart des Écrivains fur cette matiere ont beaucoup infifté fur ces avantages ; ils font cependant plus univerfellement eftimés que pratiqués. Il eft affez inutile d'infifter fur la néceffité de cet ufage. Je me bornerai à donner feulement quelques inftructions fur cette matiere.

J'ai conftruit une bergerie pour mettre un troupeau à l'abri des nuits d'un hiver rude. En fuivant cette méthode, on eft difpenfé de parquer dans la nuit; mais pendant le jour, on pourra amener le troupeau au parc, où on lui donnera à manger autant qu'il en fera néceffaire ; & vers le foir, on le reconduira à la bergerie.

En fuppofant que la nourriture du troupeau dans l'hiver confifte ordinairement en navets & en carottes, avec un peu de foin, on donnera celui-ci exactement dans la bergerie. L'expérience démontre que les moutons ainfi nourris, font moins fujets aux maladies que ceux qui le font feulement de navets, Suivant le nombre des moutons, le berger proportionnera le parc (1). S'il le place dans un champ de navets, on le leur ap-

---

(1) Un parc de quarante pieds quarré fuffira pour cent moutons.

prêtera

prêtera fuivant la maniere que j'ai indiquée à l'article des navets.

Dans l'été, les moutons pafferont la nuit dans le parc,
ayant attention de ne les pas trop expofer aux pluies continuel-
les. Quand le parc eft pofé fur la jachere, on aura foin de
leur donner quelque chofe à manger pour les amufer, & on ne
fera pas mal d'y répandre quelques bottes de paille, qui feront
converties en fumier, & contribueront beaucoup à conferver
la blancheur de la laine, que j'ai fouvent vu fe ternir par la
terre argilleufe, & fi confidérablement, qu'elle perdit entiérement fon luifant, & par conféquent beaucoup de fon prix. Au
matin, on conduira le troupeau aux champs, & de-là vers le
foir au parc. Quand j'ai averti le berger de ne pas expofer fon
troupeau à la pluie, je n'entendois pas parler d'une pluie ordinaire, mais de celle qui, étant continuelle, deviendroit alors
très-nuifible aux moutons. En un mot, du moment que la
pluie fera trop abondante, c'eft une raifon fuffifante pour que
le berger préfere, pendant la nuit, la bergerie au parc, pour
la fanté de fon troupeau.

Il eft effentiel, en agriculture, de fixer un tems pour les
différentes efpeces d'opérations; mais nonobftant cette fixa-
tion, il fe préfente fouvent des motifs d'y apporter de légers changemens. L'attention aux circonftances & aux faifons eft donc indifpenfable. Si c'eft la coutume dans un
canton de commencer à parquer tel ou tel jour, & que le
tems ne foit pas alors favorable, on fera bien de s'écarter
de la routine. D'un autre côté, fi la faifon eft prématurée,
il ne faut pas négliger d'en profiter, & de parquer fur le
champ. Si le tems devient mauvais, il faut conduire le

Z

troupeau à la bergerie. Une attention fcrupuleufe à ces variations, donnera au Fermier intelligent & actif des avantages fort au-deffus de ceux qui négligent de s'en inftruire.

Un troupeau d'environ deux cens cinquante moutons doit
améliorer environ trente acres, en commençant à parquer
le premier de Mai, en continuant jufqu'à la fin d'Octobre:
le parc d'hiver en fera prefque autant.

Cependant, mais fans parquer fur certains terrains, il y
a une maniere très-bonne, dont on pourra tirer tous les
avantages dont le parc eft fufceptible.

On donnera à manger aux moutons les navets fur quelque
prairie ayant befoin d'amélioration; alors on tranfportera
les navets du champ de leur cru fur cette prairie. Les navets y étant réguliérement répandus, il faut pofer des rateliers pour recevoir le foin. Les moutons le confommeront, & de leur fiente, ainfi que de leur urine, réfultera
une amélioration confidérable pour le local; mais il faut
auparavant avoir attention de paffer fur cette terre, une
charrue à coutres tranchans, placés à quatre ou cinq pouces
de diftance les uns des autres : on femera enfuite légerement de la graine de foin; les moutons la fouleront avec
leur fiente dans les traces faites par la charrue. On obfer-
vera de changer l'emplacement des rateliers, & la graine
de foin qui en tombera, quoique peu confidérable, épar-
gnera la femence que je viens de confeiller. Les rateliers
doivent être d'une conftruction longue & étroite, montés
fur des roues, pour la commodité du tranfport.

On pourra, de cette maniere, améliorer confidérablement un champ; & fi on y apporte les foins convenables,

le propriétaire aura lieu de s'en féliciter, & d'en éprouver le bon effet, tant dans la qualité que dans la quantité du foin qu'il produira. Ce champ auroit-il été amaigri par la mousse qui étouffe tout autre herbage, elle sera entiérement détruite, & l'herbe poussera aussi-tôt en grande abondance.

ARTICLE XII.

Des signes de la pourriture ou du tac , & de la santé des Moutons.

DANS un article qui précede , j'ai effleuré cet objet; mais comme il est très-important d'être parfaitement instruit d'un objet aussi essentiel que celui de la santé des moutons qu'on desireroit acheter , & que ces animaux ont souvent l'apparence d'être sains , lorsqu'ils sont déjà attaqués de la pourriture , j'ai cru nécessaire d'entrer dans un plus grand détail sur cet objet. On doit donc être très-attentif, avant d'en faire l'emplette , aux signes dont je vais parler.

Les yeux pleins , le blanc clair , les petites fibres qui entourent le blanc d'un rouge clair, sont des signes infaillibles de sa santé.

Les yeux creux , jaunes , les petites fibres qui entourent le blanc d'une couleur obscure , tendante vers le noir , sont des preuves de la pourriture.

Examiner ensuite la laine de côté du mouton; si on peut l'arracher facilement , c'est une marque de la pourriture ; si au contraire elle est fermement attachée à la peau , c'est signe de santé.

En séparant la laine de côté du mouton vers l'épaule , si l'on trouve la chair d'une couleur rouge & seche , il est sain.

Mais si la chair est pâle , & la peau humide , il est certainement pourri.

Si les dents d'un mouton font ternes, & que les gencives
en foient détachées, c'eft un figne de pourriture; fi au contraire elles font d'un clair blanc, & que les gencives y foient
fermement attachées, l'animal eft fain. L'haleine puante eft
auffi un figne certain de la pourriture.

La pourriture eft une maladie à laquelle les moutons Anglois font fujets, ainfi que ceux de tous les pays. La caufe en
eft variée. Une humidité continuelle, une nourriture infuffi-
fante, ou de mauvaife qualité, la rofée du matin, des boif-
fons prifes avec excès, font des caufes qui fuffifent pour in-
fecter un troupeau entier. On peut cependant arrêter les
progrès du mal, ou l'adoucir en donnant à manger aux moutons qui en font attaqués, du perfil, de la pimprenelle & de
la luzerne, ainfi que je l'ai déjà confeillé; mais un mouton,
une fois attaqué de cette maladie, n'en guérit jamais radicale-
ment. Le feul moyen d'en tirer quelque profit, c'eft lorfqu'il
commence à être convalefcent, de tâcher de l'engraiffer autant
qu'on pourra, pour le vendre au boucher. Le fiege de la maladie étant au foie, la chair de l'animal n'eft point mal-faine,
il n'y aura aucun danger d'en manger.

ARTICLE XIII.

De la Gale.

LA gale eſt ſouvent occaſionnée par la négligence des bergers, par des nourritures maigres & pauvres, par trop d'exercice ou par l'air infecté & mal-ſain des étables.

La gale eſt contagieuſe; il faut ſéparer du troupeau les moutons qui en ſont attaqués; ſans cette précaution, ils la prendroient tous.

Un meilleur pâturage, quand ils en ſont atteints, ne les en guérit pas. Il faut avoir recours aux remedes. Le ſuivant eſt ſouverain.

Prenez deux livres de tabac, ou de tronc de tabac, quatre pintes d'urine humaine qu'on fera bouillir enſemble, juſqu'à diminution d'une chopine. Joignez-y quatre chopines de forte ſaumure de lard, avec une livre de beurre ou de graiſſe dont on aura ôté le ſel; faites bouillir le tout enſemble pendant un quart-d'heure, & après l'avoir paſſé par un linge, mettez-y deux petites cuillerées d'huile de thérébentine pour chaque chopine, & frottez-en alors la brebis. Il faut avoir ſoin de tenir le chaudron bien couvert, & de ne paſſer la liqueur par le linge qu'après l'avoir laiſſé refroidir.

Le goudron préparé eſt auſſi un très-bon remede contre la gale, mais il gâte beaucoup la toiſon. Il faut que le berger en ſoit toujours approviſionné. Il eſt ſouverain pour la guériſon de toute eſpece de plaie extérieure; on le prépare ainſi : dans chaque livre de goudron, mêlez une demie livre de beurre frais. Fondez d'abord le beurre en huile, le mêlange ſe fera alcrs plus facilement & plus intimement.

La gale ſe découvre aiſément. Le mouton qui eſt infecté frotte la partie qui en eſt attaquée contre tous les objets qu'il rencontre.

On le tond dans l'endroit infecté, ſi la maladie eſt bien invétérée; autrement, il n'en eſt pas beſoin. On le frottera avec le remede ſoir & matin, aux endroits où la gale ſe montre, & on continuera tant qu'il en ſera néceſſaire.

ARTICLE XIV.

De la maladie des ongles.

CETTE maladie fe montre par une enflure entre la fourche des moutons : elle les fait boiter. Examinez alors le pied, vous y trouverez un petit trou de la grandeur d'une tête d'épingle, & cinq ou fix poils noirs, en forme de ver d'environ un pouce de longueur qui fortent de ce trou. Il faut les en tirer de même que tous les autres poils qui font aux environs, après quoi, en aggrandiffant un peu les trous, on verra fortir du pus : il faut enfuite couper les extrêmités des ongles avec le couteau, jufqu'à ce que le fang commence à en fortir, & panfer enfuite la plaie avec le goudron préparé. Le mal fera bientôt guéri.

Je ne prétends pas affurer que les moutons Anglois n'aient pas d'autres maladies que celles que je viens d'indiquer : je fais, au contraire, qu'ils font fujets à quelques autres, mais fi rares, qu'elles font prefque inconnues en Angleterre. On trouve dans tous les livres fur l'éducation des moutons, affez de remedes pour la guérifon de chaque efpece de maladies réelles, & même fur celles qu'ils n'ont jamais eues, pour me difpenfer d'en parler dans cet Ouvrage. La plus grande partie des maladies des moutons vient du défaut de nourriture bonne & fuffifante : donnez leur celle qui leur convient, ces animaux n'auront pas befoin de remedes.

Je bornerai à ceci mes inftructions fur l'éducation d'un troupeau de mouton à l'Angloife. Je crois avoir indiqué les foins

qui

qui conviennent, & j'espere qu'on ne me reprochera pas d'en avoir trop exigé, & qu'on ne se dégoûtera pas d'en faire l'expérience, en la commençant toujours en petit. Les moutons de Flandres & de France exigent beaucoup plus d'attention que ceux de race Angloise. Les moutons de France sont presque toujours d'une santé foible, pendant que ceux d'Angleterre, abandonnés, pour ainsi dire à la nature, se portent toujours bien, sont plus robustes, & rapportent aux propriétaires un profit fort au-dessus de celui des moutons de France.

CINQUIEME PARTIE.

ARTICLE XV.

Du défrichement des terres.

LA quantité immenſe de terres incultes en France ne pourroit pas être employée à un meilleur uſage, ſoit au profit de l'État, ſoit à celui des particuliers, qu'en défrichant la partie qui, par la bonté de ſon ſol, de ſa ſituation, conviendroit à l'introduction de moutons Anglois, & à l'eſpece de culture que j'ai recommandée dans les Chapitres précédens de cet Ouvrage. J'ajouterai donc celui-ci afin d'encourager les Propriétaires de ces terres à les cultiver, & à les mettre à profit. Avec une dépenſe médiocre, on les convertira en prairies artificielles : on les couvrira enſuite avec des moutons Anglois, & l'on en tirera un revenu conſidérable.

Pour défricher une pareille terre que j'enviſage comme étant entiérement couverte d'herbages ſauvages & de mauvaiſe qualité, il faut à la fin de l'été mettre le feu à tout ce qui couvre ſa ſurface ; & lorſqu'elle ſera en état d'être labourée, on commencera à ſe ſervir d'une charrue un peu forte, qui creuſera des ſillons profonds : alors on fera un labour en travers de celui qu'on aura d'abord donné. Cette maniere n'eſt pas, à la vérité, auſſi propre à pulvériſer la terre que celle de retourner les ſillons par la charrue au moins une fois, & de les laiſſer

Charue a coutres

Charue pour enlever le gazon

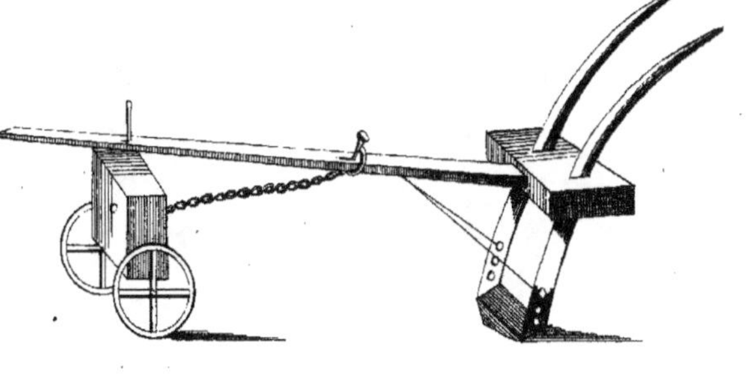

E. Voysard Sculp.

expófer à l'influence de l'atmofphere pendant quelques mois de l'hiver. Dans le printems on donnera encore un labour. Cette opération détruira mieux les racines des herbes, & préparera la terre à recevoir la femence.

Si l'on fe fert d'une charrue tranchante & forte, le défriche-ment fe fera avec plus de facilité. La charrue divifant la fur-face en petites mottes d'environ trois pouces de large fur cinq à fix de profondeur, la terre fe trouvera coupée de façon que la charrue ordinaire achevera le défrichement avec facilité, l'herbage fera détruit, & la terre préparée à être enfemencée plutôt que de l'autre maniere.

Mais il y a une façon encore plus prompte & moins dif-pendieufe de défricher une pareille terre. La furface étant brû-lée, on fera paffer une charrue avec un foc large & tranchant, qui enlevera une furface de terre d'environ deux à trois pouces; par ce moyen, la fuperficie fe trouvera renverfée & couverte de cinq à fix pouces de terre par une autre charrue qui la fui-vra, & rendra plus profonde la raie de la premiere. Si cette opération eft faite dans l'automne, on pourra femer tout de fuite des vefces d'hiver, qui feront coupées ou mangées fur la terre dans le mois de Mai, ou au commencement de Juin; en-fuite on préparera la terre pour une récolte de navets, & le printems fuivant on l'enfemencera de luzerne, de fainfoin ou de pimprenelle, fuivant la maniere déjà indiquée pour la cul-ture de ces plantes.

Il y a une charrue approuvée par la Société des Arts à Londres, qui abrégeroit beaucoup l'ouvrage, en traçant les deux raies l'une au-deffus de l'autre en même-tems.

On défriche encore la terre de la maniere fuivante; M. de

Turbilly en fait grand cas. On enleve le gazon avec une pioche
large , tranchante , qu'on pourroit dénommer *égobue* pour
mieux s'entendre. On enleve la tourbe , on l'arrache , &
on la brûle. On peut faire cette opération à moins de frais
& plus de facilité , par le moyen de la charrue à coutre , ar-
mée de deux ou trois autres à la diſtance de dix-huit pouces chaque : on coupe enſuite la ſurface avec ces coutres , & on tra-
verſe les inciſions avec trois ou cinq autres coutres , diſtans
d'environ neuf pouces l'un de l'autre : on fait paſſer enſuite une
charrue avec un ſoc tranchant entre la premiere inciſion qui
enlevera des tourbes de l'épaiſſeur de quatre pouces , larges de
dix-huit , & longues de neuf. On arrange ces tourbes l'une
contre l'autre le gazon en-dedans , ſi c'eſt dans le mois de Février : elles ſeront ſeches en Juin ; alors on les mettra en monceau , laiſſant un trou au centre pour y mettre le feu avec du
genet épineux qui les brûlera aiſément. Si quelques-unes de ces
tourbes ſe dérangeoient par l'action du feu , avant d'être entiérement conſumées , on les remettroit en monceau , & on con-
tinueroit de les brûler à petit feu , juſqu'à ce que le tout fût
réduit en cendres.

Malgré tous ces ſoins , une partie des tourbes reſtera toujours à moitié brûlée , ſi on n'a pas ſoin de les raſſembler , &
d'en faire un nouveau monceau pour les conſumer entiérement. Au premier beau tems , ſerein & ſec , on les répandra
également ſur les champs , & tout de ſuite on labourera ſans
trop enfoncer la premiere fois la charrue dans la terre , en ob-
ſervant toujours de creuſer davantage les autres fois , juſqu'à
ce qu'on ſoit arrivé à une profondeur convenable. Après avoir
paſſé la charrue , il faut faire ſuivre la herſe , afin d'incorporer ,

autant qu'il fera poffible, les cendres avec la terre.

Au milieu de Juillet, on pourra enfemencer ces terres avec la graine de navets ; mais fi on ne peut pas les avoir préparés pour ce tems, la vefce paiera abondamment le Propriétaire de toutes fes peines. Après la récolte de vefce, on peut femer la graine de navets, & leur faire fuccéder la luzerne, le fainfoin & la pimprenelle.

Il faut que les navets foient bien houés, non-feulement pour détruire les mauvaifes herbes, mais auffi afin de mêler & d'incorporer les cendres avec le fol. Pour y réuffir plus fûrement, on femera la graine de navets dans des raies, à la diftance de trois pieds l'une de l'autre. On les houe avec l'arare, enfuite on les donnera dans les champs aux moutons au parc à la maniere déjà confeillée dans l'Article des navets.

Si le fol ne fe trouve pas fuffifamment brifé & pulvérifé, on fera une feconde femence de navets, en les donnant aux moutons comme auparavant ; la terre enfuite fera en état de recevoir la luzerne, fainfoin ou pimprenelle.

Mais fi l'on defire d'avoir un pâturage naturel, il faut préparer la terre comme pour l'avoine ou l'orge, dans laquelle on feme :

Six boiffeaux (1) par acre avec quatre livres de graine de trefle blanc.

Deux de tréfoil.

Deux de trefle rouge.

Sept boiffeaux de ray-graffe.

Sept boiffeaux de graine de foin.

____

(1) On fe fert, dans ce Chapitre, de boiffeau, mefure de Paris.

Il faut avoir foin que la terre foit bien meuble & très-égale ;
on paffera une herfe de buiffon pour couvrir la graine, &
enfuite un léger rouleau.

On peut encore fuivre la pratique de M. le Comte de
Darlington.

Après avoir rendu la terre très-meuble, on l'applanira &
on femera de la maniere fuivante :

Dix-fept livres de graine de trefle blanc.

Quarante-cinq boiffeaux de graine de foin.

Une demi-livre de ray-graffe.

Une demi-livre de tréfoil.

Avec une pareille quantité de graines, la terre feroit bientôt couverte d'un herbage excellent ; mais elle eft infiniment
trop forte.

Voici encore une maniere, mais prefque contraire à toutes
les pratiques ufitées. La terre étant bien meuble, bien unie,
on femera les graines fuivantes :

Dix-neuf boiffeaux de graine de foin.

Douze livres de rib-graffe.

Huit livres de trefle blanc.

Cinq livres de pimprenelle.

On l'engraiffera avec un mêlange de terre, de fumier & de
cendres de tourbe bien mêlées : on parquera les moutons deux
nuits fur le même endroit ; ce qui produira un excellent effet.

La quantité de femence eft encore ici beaucoup trop abondante ; c'eft cependant, à tout autre égard, une maniere excellente, & qui ne peut manquer de réuffir parfaitement.

L'herbage naturel eft fouvent à defirer ; il eft même effentiel d'en avoir, quoiqu'il ne foit pas préférable aux prairies

artificielles. L'herbage naturel ne nourrira que trois moutons par acre, pendant que l'autre en nourrira dix & jusqu'à vingt: j'ajouterai donc deux autres manieres d'avoir de belles prairies naturelles.

Dix-huit boisseaux de graine de foin.

Quatre livres de trefle blanc par acre, produiront un très-bon & riche herbage.

Autre maniere pratiquée par M. le Marquis de Rockingham.

Seize boisseaux de graines de foin.

Douze livres de trefle blanc.

Sept boisseaux d'avoine par acre.

Lorsque l'avoine est mûre, on peut la fourcher : ensuite on semera encore six livres de graine de trefle rouge : on arrachera le chaume de l'avoine avec des rateaux. Cette opération couvrira la semence en partie : on répandera après un riche engrais, & l'on fera passer une herse qui couvrira entiérement la semence ; au printems suivant il paroîtra un excellent herbage.

Dans toutes ces manieres d'ensemencer, il y a une différence dans les qualités de graine qu'on peut regarder comme extraordinaire; mais chacun a sa façon différente, & toutes sont pratiquées par les plus habiles cultivateurs.

Autrefois on semoit une plus grande quantité de graines qu'actuellement. On estime deux boisseaux d'orge une quantité plus convenable pour un acre de bonne terre bien labourée, que cinq; & il est très-connu qu'un boisseau ou un & demi produira une très-forte récolte.

C'est un défaut de prodiguer la graine pour les plantes annuelles; c'en est un plus grand encore de n'en être pas économe pour celles qui durent plus d'une année, tel que le trefle, à qui il faut un certain tems pour se perfectionner. Lorsqu'on desire une récolte précoce, on peut donner une semence épaisse : un plus grand nombre de plantes s'elevera, à la vérité, mais si maigres, si foibles, avec des racines si courtes, qu'elles seront exposées à être entiérement brûlées par la chaleur de l'été.

Pour mieux démontrer l'inconvénient d'une semence trop épaisse, j'obferverai que la graine de trefle blanc étant plus petite que celle du trefle large, dix-fept livres par acre, employées par M. le Comte de Darlington, donnent dix-huit cens grains par chaque pied quarré ; nombre que le plus chaud partifan des femences épaiffes ne croira pas néceffaire, fur-tout fi on y ajoute les autres graines femées en même-tems. On peut bien penfer que la terre n'eft pas capable de faire germer, & de perfectionner un pareil nombre de grains. L'opinion de la néceffité d'une femence fi confidérable, vient de ceux qui n'ont regardé que le poids & la mefure, fans avoir attention au nombre de grains qu'ils contiennent.

Pour défricher les landes & communes qui font couvertes de joncs marins, genets, &c. il faut les déraciner, enlever enfuite la furface de la terre, & la brûler ainfi que je l'ai indiqué : on femera enfuite la vefce ou les navets pour une premiere récolte.

Par rapport à la maniere d'enlever la furface de la terre & de la brûler, il y a un objet à confidérer. Les endroits où on brûle les monceaux font beaucoup plus fertilifés que les autres ; on eft même obligé de creufer à huit ou dix pouces de profondeur cette terre, & de la répandre à côté ; autrement les plantes qui y croîtroient feroient trop fortes, trop nourries :

même

même après qu'on aura répandu cette terre à côté , ce même endroit fera encore trop fertile, quoique plus maigre que l'autre partie , avant d'avoir été brûlé.

En voici la raifon. Le degré de chaleur de l'endroit où on a brûlé les monceaux , calcine les graviers & fables jufqu'à une certaine profondeur , & en fait une efpece de chaux qui devient un engrais pour cette terre.

Les apparences feroient croire qu'il n'eft pas nuifible de brûler la terre, & que c'eft au contraire une véritable amélioration. Il eft conftant que pour un certain tems , elle devient plus fertile , foit par la calcination , foit par les cendres du genet qui contiennent beaucoup de fels. Outre ces avantages qu'on croit réels , ils font encore augmentés par la deftruction des arbriffeaux & des mauvaifes herbes qui pompent le fuc de la terre avant qu'on y ait mis le feu.

Mais quoiqu'on fertilife la terre par l'action du feu, & qu'elle produife d'abord une très-ample récolte , elle fera tout à fait épuifée , fans un renouvellement continuel d'engrais , & en grande quantité. Je mettrois donc plutôt ma confiance dans la charrue que dans l'ufage de brûler la terre pour l'améliorer. La charrue produira une récolte certaine, abondante & conftante , pendant que par le feu elle fera entiérement épuifée en peu de récoltes ; & il en coûtera plus de la conferver en bon état par le fecours du fumier , que l'abondance des premieres années n'a valu de produit. Je confeille cependant de brûler tout ce qu'on trouvera fur la fuperficie de la terre , avant de faire ufage de la charrue.

Semez dans une pareille terre de la vefce ou des navets, ce fera un moyen de la pulvérifer, d'augmenter fa fertilité, de la rendre

propre à recevoir des graines pour faire des prairies artificielles
ou naturelles. Une terre peut être trop féconde ou trop riche
pour la production du froment & les autres grains dont on conferve la femence : il n'en eft pas ainfi de celles propres à la production d'herbages ou d'autres plantes deftinées à l'ufage des
beftiaux, dont l'objet eft leur grandeur, & pour ainfi dire leur
luxe. Dans ce cas, la bonté de la terre eft un véritable objet de
premiere confidération ; car le produit fera en proportion de
l'engrais : elle nourrira un grand bétail, dont la confommation
convertie en fumier, fervira d'engrais, & produira la plus
grande fertilité poffible.

A l'égard d'un fol maigre, l'effet eft précifément oppofé. En
défrichant des terres pour former des prairies artificielles ou naturelles, il faut avoir foin de choifir celles qui font bonnes &
de nature, par leur fol, à être perfectionnées par de fréquens
labours. Un fol maigre ne nourrira jamais de grands & forts
beftiaux, ni même de gros moutons.

On a plus d'une fois éprouvé en Angleterre le défavantage
de vouloir obtenir beaucoup de récoltes d'une terre maigre, fur-
tout au nord de ce Royaume. On détériore la terre par des récoltes confécutives, qui à la fin ne produit plus. Épuifée
& comme pour ainfi dire abandonnée à elle même, elle
dégénere naturellement en prairie après quelques années, &
fon produit eft alors fort au-deffous de la médiocrité.

Je ne diffuaderai jamais de cultiver les landes telles mauvaifes qu'elles puiffent paroître : au contraire, je le recommande, mais il ne faut pas s'attendre à en avoir bientôt un
grand produit. Si on fuit la maniere fuivante, on obtiendra
des récoltes & un produit qui indemnifera des avances qu'on
aura faites.

On femera :

1°. La vefce.

2°. Les navets.

3°. Le farrafin.

4°. L'orge.

Mais il faut pour avoir de bonnes récoltes dans de pareilles terres, & auffi ingrates, les labourer fort & y répandre l'engrais en abondance & fréquemment.

ARTICLE II.

De la Vesce.

AYANT parlé de la vesce dans le Chapitre précédent, je ne crois pas inutile de dire un mot de sa culture.

On cultive deux sortes d'espece de cette plante, la blanche & la noire. La premiere est plus succulente que l'autre ; malgré cela, on ne la cultive pas volontiers, peut-être, parce que sa graine est assez souvent la proie des oiseaux, étant plus apparente que la noire qui leur échappe par sa ressemblance de couleur avec la terre.

La vesce noire est plus tendre que la blanche ; il faut toujours la semer dans le printems : on semera la blanche, si l'on veut, soit dans l'automne, soit au printems.

Il y a une troisieme espece, qu'on appelle *vesce de Sibérie*. Cette espece est très-succulente ; ses tiges sont longues, très-garnies de feuilles qui ne se flétrissent pas dans l'automne : elles sont vertes en hiver, malgré la rigueur de la saison ; de sorte que dans les mois de Février & Mars, où on manque souvent de tout autre fourrage, elle sert à la nourriture des brebis & des agneaux.

Ordinairement on seme indifféremment la vesce en automne & au printems ; mais la saison la plus convenable à cette opération, est vers le mois d'Août, parce que les pluies qui tombent alors fréquemment, la feront pousser en peu de tems. La plante se fortifiera avant l'hiver, & produira au printems un fourrage abondant : on la coupe à mesure qu'on en aura besoin pour les brebis ou d'autres bestiaux.

La vesce se plait en toute espece de terres , même dans celles qui sont les plus ingrates. Après l'avoir, comme le froment , semée à la main, on la couvrira légerement avec la charrue. Six boisseaux de graine par acre seront suffisans. Il faut cependant avoir attention de n'en pas répandre plus qu'on n'en peut couvrir dans une journée, parce que la rosée seroit très-nuisible à cette graine, si on la laissoit séjourner sur la terre sans la couvrir.

On pourra mêler à la vesce une égale portion d'avoine, & la semer dans le mois de Janvier : par ce moyen, la vesce devenant plus grande, se fortifie à cause du soutien qu'elle reçoit de l'avoine : on peut la couper dès le mois de Mai ; elle sera bonne à donner aux bestiaux.

Je n'ai envisagé la culture de cette plante, que par l'utilité dont elle peut être au printems pour le Fermier. Il en retirera un grand avantage en la donnant verte aux brebis , aux agneaux , & autres animaux qui en auront besoin. Sa culture pour améliorer la terre & conserver les grains est déjà suffisamment connue.

Fin de la cinquieme & derniere Partie.

dans notre Royaume & non ailleurs, en beau papier & beau caractere; conformément aux Réglemens de la Librairie, à peine de déchéance du Préfent Privilege : qu'avant de l'expofer eu vente, le Manufcrit qui aura fervi de copie à
l'impreffion dudit Ouvrage, fera remis dans le même état où l'Approbation y aura
été donnée ès mains de Notre très-cher & féal Chevalier, Garde des Sceaux de
France, le fieur Hue de Miroménil; qu'il en fera enfuite remis deux exemplaires dans notre Bibliotheque publique, un dans celle de notre Château du Lou-
vre, & un dans celle de notre très-cher & féal Chevalier, Chancelier de France le
fieur de Maupeou, & un dans celle dudit fieur Hue de Miroménil; le tout à
peine de nullité des Préfentes; du contenu defquelles vous mandons & enjoignons
de faire jouir l'Expofant ou fes hoirs pleinement & paifiblement, fans fouffrir
qu'il leur foit fait aucun trouble ou empêchement : Voulons que la copie des Préfentes, qui fera imprimée tout au long au commencement ou à la fin dudit Ouvrage, foit tenue pour duement fignifiée, & qu'aux Copies collationnées par l'un
de nos amés & féaux Confeillers Secrétaires, foi foit ajoutée comme à l'Original : Commandons au premier notre Huiffier ou Sergent, de faire, pour l'exécution d'icelles, tous actes requis & néceffaires, fans demander autre permif-
fion, & nonobftant clameur de Haro, Charte Normande, & Lettres à ce con-
traires : CAR tel eft notre plaifir. DONNÉ à Paris le onzieme jour du mois de
Mars l'an de grace mil fept cent foixante dix-huit, & notre Regne le quatrieme.
Par le Roi en fon Confeil.

LEBEGUE.

*Regiftré fur le Regiftre XX de la Chambre Royale & Syndicale des Libraires & Impri-
meurs de Paris, N° 998, Fol. 499, conformément aux difpofitions énoncées dans le préfent Privilege, & à la charge de remettre à ladite Chambre les huit Exemplaires
preferits par l'article CVIII du Réglement de 1723. A Paris, le 16 Mars 1778.*
Signé A. M. LOTTIN *l'aîné, Syndic.*

TABLE DES ARTICLES
CONTENUS EN CE VOLUME.

Fin de la Table.

www.ingramcontent.com/pod-product-compliance
Lightning Source LLC
Chambersburg PA
CBHW051821150726
47998CB00001B/233